Bacovsky/Drexler/Zalinski

DER DOPPELTE DURCHBLICK

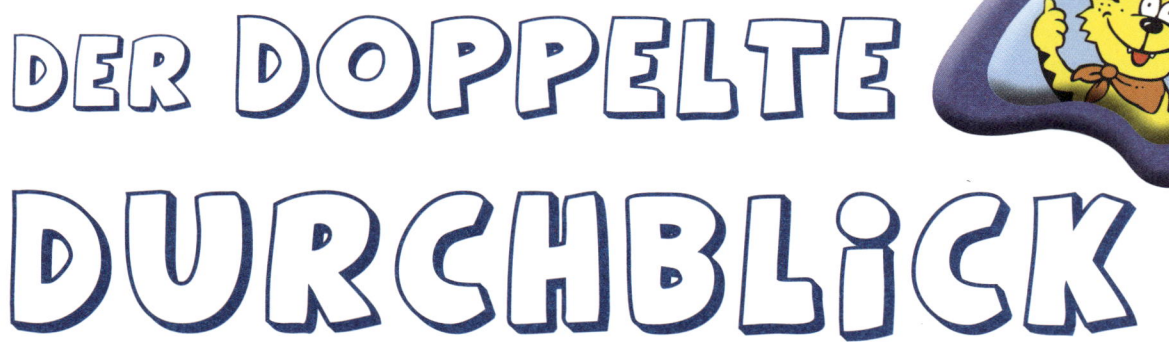

Rechnen
Rechtschreiben

4. Klasse Volksschule

www.ggverlag.at

ISBN 978-3-7074-2046-3

In der aktuell gültigen Rechtschreibung

1. Auflage 2017

Dieser Band enthält die Titel:
Ich hab den Durchblick – Rechtschreiben 4. Klasse, ISBN 978-3-7074-1155-3 (Katja Zalinski)
Ich hab den Durchblick – Rechnen 4. Klasse, ISBN 978-3-7074-1160-7 (Henrietta Bacovsky, Christine Drexler)

Illustrationen: Katrin Wolff
Illustration Cover: Elke Broska
Tiger auf Titelblatt: Elena Obermüller

Printed by Litotipografia Alcione, Lavis-Trento, über Agentur Dalvit, D-85521 Ottobrunn

© 2017 G&G Verlagsgesellschaft mbH, Wien
Alle Rechte vorbehalten. Jede Art der Vervielfältigung, auch die des auszugsweisen Nachdrucks, der fotomechanischen Wiedergabe sowie der Einspeicherung und Verarbeitung in elektronische Systeme, gesetzlich verboten.
Aus Umweltschutzgründen wurde dieses Buch auf chlorfrei gebleichtem Papier gedruckt.

Liebe Eltern!

Der Tiger führt Volksschulkinder der 4. Klasse mit viel Spaß und Tipps zum Lernerfolg.
Dieses Buch ist entstanden, um Ihrem Kind die Möglichkeit zu geben, den Lernstoff zu wiederholen, zu üben und zu festigen. Der Inhalt entspricht dem österreichischen Lehrplan.
Jedes Kapitel kann einzeln und unabhängig bearbeitet werden und ist in sich abgeschlossen.
Die Reihenfolge, in der Ihr Kind diese Schwerpunkte bearbeitet, liegt ganz bei Ihrem Kind und Ihnen.
Ein wichtiges Symbol ist der orange Rahmen. Er bedeutet: Wichtig! Schau genau und merk es dir!
Ein Lösungsheft zur einfacheren Überprüfung liegt dem Buch bei.

Bitte unterstützen Sie Ihr arbeitendes Kind durch

- einen ruhigen und aufgeräumten Arbeitsplatz
- ein selbstgewähltes Arbeitstempo
- kurze Arbeitseinheiten
- Erklärungen, wenn das Kind eine Aufgabe nicht selbstständig lösen kann
- Lob nach einer beendeten Aufgabe
- sensiblen Umgang mit Fehlern oder Schwächen
- motivierenden Beistand zur Stärkung des Selbstvertrauens

Wir wünschen Ihnen und Ihrem Kind ein lehrreiches und aufregendes Schuljahr –
und dass Sie und Ihr Kind immer den Durchblick haben!

Dipl.-Päd. Henrietta Bacovsky
Dipl.-Päd. Christine Drexler
Dipl.-Päd. Katja Zalinski

Inhalt

Rechtschreiben

Kennst du dich aus im Wörterbuch? 8
*Förderziel: Wörter nach Wortart (Namenwörter, Zeitwörter, Eigenschaftswörter)
ordnen und im Wörterbuch suchen*

Passende Wortgruppen bilden 9
Förderziel: Zu Namenwörtern sinnvoll passende Zeitwörter finden – Anwendung in Sätzen

Die Nachsilben -heit und -keit 10
*Förderziel: Aus Eigenschaftswörtern mit den Nachsilben -heit und -keit
Namenwörter bilden und nach Nachsilben ordnen*

Die Nachsilben -schaft, -tum, -nis, -ung 11
*Förderziel: Aus Wörtern mit den Nachsilben -schaft, -tum, -nis und -ung
Namenwörter bilden und nach Nachsilben alphabetisch ordnen*

Namenwörter und ihre Verwandten 12
*Förderziel: Aus Namenwörtern mit den Endsilben -ig, -lich und -isch
Eigenschaftswörter bilden und nach Nachsilben alphabetisch ordnen*

Eigenschaftswörter ordnen 13
*Förderziel: Eigenschaftswörter nach ihren Endungen (-sam, -bar, -los) ordnen
und in Sätzen anwenden*

Vorsilben 14
Förderziel: Wörter mit den Vorsilben ent-, ver- und vor- bilden

Was stimmt hier nicht? 15
Förderziel: Falsch zusammengesetzte Namenwörter trennen und richtig zusammensetzen

Wir teilen richtig ab 16
*Förderziel: Namenwörter in ihre Sprechsilben unterteilen und
nach Anzahl der Silben ordnen*

Namenwörter werden großgeschrieben 17
*Förderziel: Großschreibung von zusammengesetzten Namenwörtern und finden
des richtigen Artikels – zusammengesetzte Namenwörter in eigenen Sätzen anwenden*

So viele Fehler! 18
Förderziel: Großschreibung von Namenwörtern und Satzanfängen

Briefe schreiben 20
Förderziel: Anredefürwörter und entsprechende besitzanzeigende Fürwörter

das, alles, etwas 22
Förderziel: Großschreibung von Eigenschaftswörtern nach das, alles und etwas

nichts, viel, wenig 23
Förderziel: Großschreibung von Eigenschaftswörtern nach nichts, viel und wenig

das, zum 24
Förderziel: Großschreibung von Zeitwörtern nach das und zum

beim, vom 25
Förderziel: Großschreibung von Zeitwörtern nach beim und vom

ck 26
Förderziel: Wörter mit ck bilden, nach Wortart ordnen und in Sätzen anwenden

tz 27
Förderziel: Wörter mit tz bilden,
in Einzahl und Mehrzahl aufschreiben und in Sätzen anwenden

ie 28
Förderziel: Reimwörter mit ie finden – zu Namenwort verwandtes Zeitwort finden –
fiel(en) und viel(e) in einem Lückentext richtig einsetzen

s – ss – ß 29
Förderziel: s – ss – ß richtig einsetzen und ordnen

mm – nn – ss – tt 30
Förderziel: Reimwörter mit Doppelmitlauten finden – kurz klingenden Selbstlaut und
den folgenden Doppelmitlaut kennzeichnen

rr – pp – ff – ll 31
Förderziel: Reimwörter mit Doppelmitlauten finden – kurz klingenden Selbstlaut und
den folgenden Doppelmitlaut kennzeichnen

mm – nn – ss – tt – rr – pp – ff – ll 32
Förderziel: Doppelmitlaute richtig in einen Lückentext einfügen und
Wörter nach Doppelmitlauten geordnet aufschreiben

bb – dd – gg 33
Förderziel: Doppelmitlaute bb, dd, gg richtig in Lücken einsetzen und ordnen –
Wörter in eigenen Sätzen anwenden

aa – ee – oo 34
Förderziel: Zusammengesetzte Namenwörter bilden,
aufschreiben und nach Silben trennen

ai 35
Förderziel: ai in Lücken einsetzen und
Wörter in eine alphabetische Reihenfolge bringen – ganze Sätze bilden

Dehnungs-h 36
Förderziel: Wörter dem richtigen Bild zuordnen und im Wörterbuch suchen

Dehnungs-h 37
Förderziel: Buchstaben zu einem Wort zusammenfügen und
das Wort richtig aufschreiben

d oder t? 38
Förderziel: Bei Namenwörtern d oder t am Wortende richtig einsetzen und
Mehrzahl bilden

Aus a wird ä 39
Förderziel: Zu vorgegebenen Eigenschaftswörtern wortverwandte Namenwörter finden

Ich packe meinen Koffer … 40
Förderziel: Richtige Beistrichsetzung bei Aufzählungen

Wir verbinden Sätze 41
Förderziel: richtige Beistrichsetzung bei Satzverbindungen

Sachen zum Lachen 42
Förderziel: Die direkte Rede und die richtige Zeichensetzung

Wir ordnen nach dem Alphabet 44
Förderziel: Namenwörter mit gleichem Wortanfang nach dem Alphabet ordnen

Rechnen

Wiederholen im Zahlenraum 1 000 45
Förderziele: Menge 1 000 wiederholen

Wiederhole und übe Sachaufgaben! 46
Förderziele: Wiederholen von Rechengeschichten

Zahlenraum 10 000 – Tausender- und Hunderterschritte 47
Förderziele: Aufbau und Orientierung im Zahlenraum 10 000

Zahlenraum 10 000 – Zehner- und Einerschritte 48
Förderziele: Aufbau und Orientierung im Zahlenraum 10 000

Rechnen bis 10 000 49
Förderziele: Rechnen und üben im Zahlenraum 10 000

Längenmaße (km, m, dm, cm, mm) 50
Förderziele: Längenmaße vergleichen, umwandeln und berechnen

Gewichtsmaße (t, kg, dag, g) 51
Förderziele: Gewichtsmaße vergleichen, umwandeln und berechnen

Euro und Cent 52
Förderziele: Addieren, subtrahieren und multiplizieren mit € und c

Schriftliche Multiplikation 53
Förderziele: Aufbau und üben der schriftlichen Multiplikation mit zwei Stellen

Sachaufgaben 54
Förderziele: Sachaufgaben verstehen und mit Multiplikationen mit zwei Stellen lösen

Zahlenraum 100 000 55
*Förderziele: Aufbau und Orientierung im Zahlenraum 100 000 –
Zehntausender-, Tausender- und Hunderterschritte*

Zahlenraum 100 000 56
*Förderziele: Aufbau und Orientierung im Zahlenraum 100 000 –
Zehner- und Einerschritte*

Runden auf Zehner, Hunderter und Tausender 57
Förderziele: Richtiges Runden

Überschlagendes Rechnen 58
Förderziele: Rechnen mit gerundeten Zahlen

Zahlenraum 1 000 000 59
Förderziele: Aufbau und Orientierung im Zahlenraum 1 000 000

Zahlenraum 1 000 000 60
Förderziele: Zerlegen und rechnen im Zahlenraum 1 000 000

Schriftliche Division 61
Förderziele: Aufbau der schriftlichen Division – Wiederholung und Vorübungen

Schriftliches Dividieren durch reine Zehner 62
Förderziele: Aufbau der schriftlichen Division

Schriftliches Dividieren durch gemischte Zehner 63
Förderziele: Aufbau der schriftlichen Division

Division und Multiplikation mit Probe 64
Förderziele: Wiederholen und üben des Rechnens mit Probe

Von der Mehrheit zur anderen Mehrheit 65
Förderziele: Sachaufgaben unter dem Aspekt verschiedener Mehrheiten

Multiplikation und Division mit € und c 66
Förderziele: Richtige Schreibweise und rechnen

Geometrie: Winkel 67
Förderziele: Praktische Anwendung von Winkel, Symmetrie und Parallele

Umfang 68
Förderziele: Umfang berechnen in Verbindung mit Texten

Flächenmaße (m², dm², cm², mm²) 69
Förderziele: Definition und Umwandlungen

Flächenmaße (km², ha, a, m²) 70
Förderziele: Definition und Umwandlungen

Flächenberechnungen 71
Förderziele: Berechnungen von rechteckigen und quadratischen Flächen

Sachaufgaben mit Flächenberechnungen 72
Förderziele: Skizzen und Text verstehen

Umkehraufgaben 73
Förderziele: Verschiedene Berechnungen der Fläche und des Umfangs

Zusammengesetzte Flächen 74
Förderziele: Logisches Verständnis im Umgang mit Flächenberechnungen

Geometrie: Körper und Netze 75
Förderziele: Verschiedene Körper und deren Merkmale unterscheiden

Zeit (h, min, s) 76
Förderziele: Zeitmaße vergleichen, umwandeln und berechnen

Zeitdauer 77
Förderziele: Unterscheidung von Zeitpunkt und Zeitdauer

Brüche 78
Förderziele: Definition und Umgang mit Brüchen

Wiederhole und übe verschiedene Sachaufgaben! 79
Förderziele: Üben und festigen von Sachaufgaben

Kennst du dich aus im Wörterbuch?

Ordne die Wörter richtig in die Tabelle ein!
Kannst du die Wörter in deinem Wörterbuch finden?
Schreibe die Seite neben dem Wort auf!

groß   freuen   Blumenstock   lesen   klettern
kochen   Sessel   hungrig   stark   Kleid
angenehm   Hochhaus   Finger   Zunge   riechen
faul   putzen   fleißig   waschen   laut
Tisch   schreiben   Freude   gehen
lieb   Luft   nett   klein   reinigen   Wolke

Namenwörter	S.	Zeitwörter	S.	Eigenschaftswörter	S.

Passende Wortgruppen bilden

Finde zu den Namenwörtern passende Zeitwörter!
Verbinde sie mit Strichen!

Hasen	bellen
Pferde	springen
Katzen	brüllen
Hunde	traben
Fische	schwimmen
Löwen	hoppeln
Kängurus	kratzen

Schreibe nun Sätze! Kreise -de ein!

Hasen hoppeln. *Ich sehe hoppelnde Hasen.*

_____   _____
_____   _____
_____   _____
_____   _____
_____   _____
_____   _____

Die Nachsilben -heit und -keit

Bilde aus den Wörtern und den Endsilben -heit oder -keit Namenwörter!
Schreibe die Namenwörter mit ihren Artikeln auf!

gesund	*die Gesundheit*
krank	_____
sicher	_____
fröhlich	_____
gemein	_____
traurig	_____
freundlich	_____
schwierig	_____
heiter	_____
faul	_____

Trage die Wörter in alphabetischer Reihenfolge in die Tabelle ein!

-heit	-keit

Die Nachsilben -schaft, -tum, -nis, -ung

Bilde aus den Wörtern mit den Endsilben -schaft, -tum, -nis und -ung Namenwörter. Schreibe die Namenwörter mit ihren Artikeln auf!

gemein — *die Gemeinschaft*
hilfsbereit — _____
erleben — _____
ergeben — _____
hindern — _____
verwandt — _____
irren — _____
eigen — *das Eigentum*
reich — _____
verwenden — _____
halten — _____
hoffen — _____

Trage die Namenwörter in alphabetischer Reihenfolge in die Tabelle ein!

-schaft	-tum	-nis	-ung

Namenwörter und ihre Verwandten

Lies das Namenwort und bilde das entsprechende Eigenschaftswort mit den Endsilben -ig, -lich und -isch!

der Durst _____
der Herr _____
der Schatten _____
der Hunger _____
die Furcht _____
die Schrift _____
das Gemüt _____
die Musik _____
der Schreck _____
das Eck _____
der Witz _____
der Fleiß _____
der Punkt _____
der Neid _____

Schreibe die Eigenschaftswörter in alphabetischer Reihenfolge auf!

-ig: _____

-lich: _____

-isch: _____

Eigenschaftswörter ordnen

Unterstreiche die Endsilben der Eigenschaftswörter!

spar<u>sam</u> furchtbar grausam mühelos
wunderbar mutlos einsam sichtbar
achtlos unsichtbar furchtsam wolkenlos
lösbar erfolglos langsam aufmerksam erkennbar
furchtlos

Ordne die Eigenschaftswörter nach ihrer Endsilbe!

-sam	-bar	-los

Verwende einige der Eigenschaftswörter in Sätzen!

_____

_____

_____

Vorsilben

Bilde Wörter mit den Vorsilben ent-, vor-, ver-

ent- wickeln, springen, lassen, laufen, kommen, täuschen, zünden, spannen, scheiden

ver- lesen, rechnen, leihen, tragen, zweifeln, stehen, schwinden, laufen

vor- gehen, sagen, sorgen, machen, lesen, turnen, rechnen

Schreibe die Wörter hier auf unterstreiche die Vorsilben!

ent- _____

ver- _____

vor- _____

Was stimmt hier nicht?

Diese Namenwörter sind falsch zusammengesetzt!
Trenne die einzelnen Namenwörter voneinander und bilde daraus richtig zusammengesetzte Namenwörter!

Zoobahn	→	*der Zoo*	+	*die Bahn*
Straßenwärter	→	_____	+	_____
Fensterhaus	→	_____	+	_____
Holzglas	→	_____	+	_____
Gartenarzt	→	_____	+	_____
Obstfall	→	_____	+	_____
Tierbank	→	_____	+	_____
Wasserbaum	→	_____	+	_____

Schreibe hier die neu zusammengesetzten Namenwörter auf!

der Zoo   + der Wärter = der Zoowärter

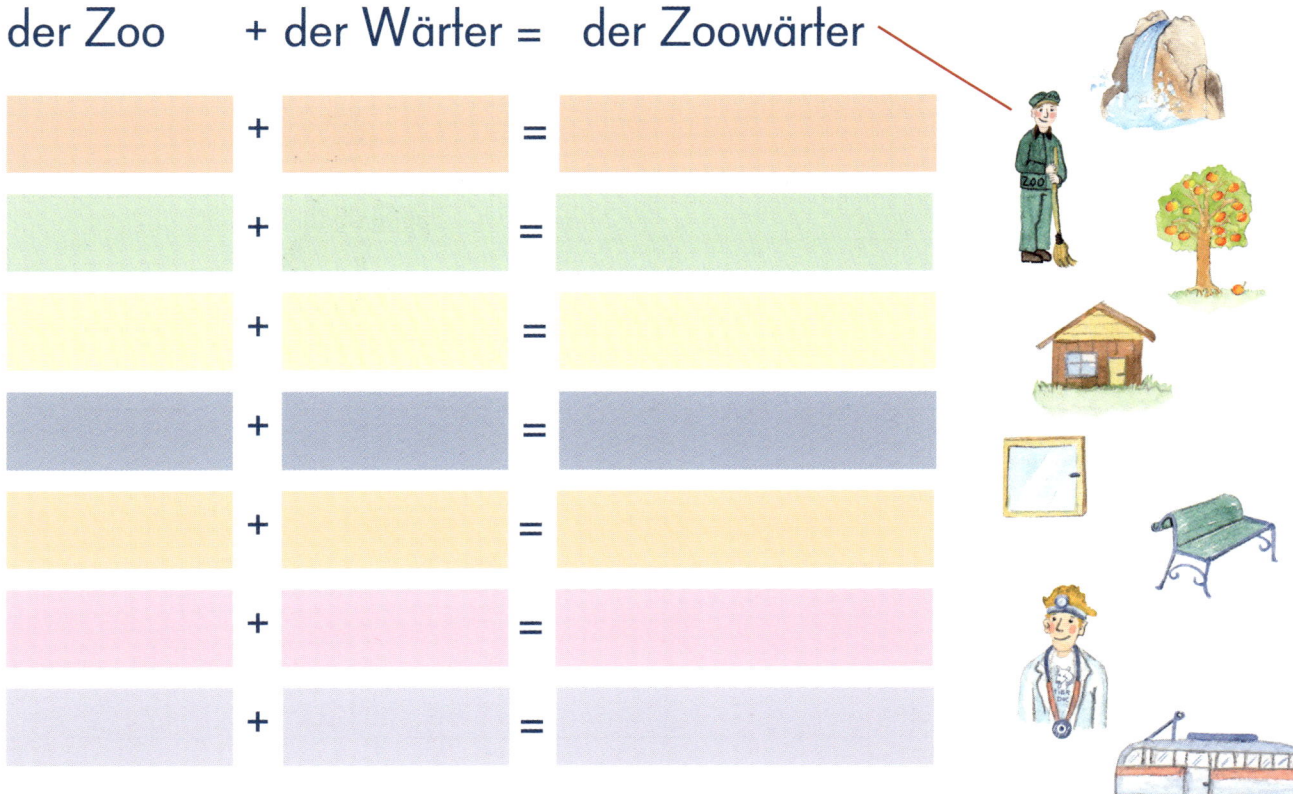

15
© Der doppelte Durchblick, G&G Verlag, Wien

Wir teilen richtig ab

Trenne die Wörter nach ihren Sprechsilben und schreibe sie so auf:

Zoowärter — Zoo = wär = ter
Straßenbahn — _____
Fensterbrett — _____
Hochhaus — _____
Gartenbank — _____
Obstbaum — _____
Tierarztpraxis — _____
Wasserfall — _____
Sessellehne — _____
Badewasser — _____
Bratpfanne — _____
Buttermesser — _____
Pfefferkörner — _____
Sternenhimmel — _____
Postsack — _____
Regenjacke — _____
Schulglocke — _____
Hängebrücke — _____

Lies das Wort laut und klatsche dazu! Bist du nicht sicher, schau im Wörterbuch nach!

Ordne die Wörter nach der Anzahl ihrer Silben:

Wörter mit 2 Silben: _____
Wörter mit 3 Silben: _____

Wörter mit 4 Silben: _____

Namenwörter werden großgeschrieben

Finde den richtigen Artikel und Wortanfang!

 Bei zusammengesetzten Namenwörtern wird der Artikel des zweiten Namenwortes verwendet! Schau in deinem Wörterbuch nach, wenn du nicht sicher bist!

Beispiel: das Auto + die Fahrerin → die Autofahrerin

___ __tofahrerin ___ __artenspiel ___ __olzhütte

___ __uhstall ___ __uftpumpe ___ __tositz

___ __tomechaniker ___ __eburtstagsfest

___ __ischplatte ___ __stloch ___ __estsaal

___ __andkiste ___ __pfelbaum ___ __onnenhut

___ __atzenfutter ___ __onnenschein

| Au | K | A | K | H | T | S | S | Au | A | L | K | G | S | Au | F |

Schreibe mit einigen Namenwörtern eigene Sätze!

So viele Fehler!

Der Tiger erzählt von einem Tag in der Schule. Leider hat er vergessen, die Namenwörter und Satzanfänge großzuschreiben.
Kannst du ihm helfen, den Text zu verbessern?

in der schule sitze ich neben meiner freundin sonja.
wir haben den ganzen tag sehr viel spaß.
manchmal muss unsere lehrerin mit uns schimpfen, weil wir miteinander plaudern.
in der esspause teilen wir meistens unser essen.
sonja hat immer gute brote dabei. nach der pause arbeiten wir wieder fleißig.
wenn das wetter schön ist, gehen wir mit der ganzen klasse in den garten zum spielen. das macht großen spaß!
die buben spielen fast immer fußball, manchmal spielen wir mit ihnen.
besonders gern mag ich die zeichenstunde. ich habe immer gute ideen, und der lehrerin gefallen meine zeichnungen besonders gut. ich bin immer sehr stolz, wenn meine zeichnung im schulhaus aufgehängt wird.
ich gehe wirklich gerne in die schule.

Schreibe den vollständigen Text hier auf!

In der Schule

Briefe schreiben

 **Die höfliche Anrede (Sie, Ihr, Ihre) muss in Briefen großgeschrieben werden. Die persönliche Anrede (du, dich, deine) kann in Briefen kleingeschrieben werden.**

Setze in den Texten die passenden Fürwörter ein!

> Liebe Frau Lehrerin!
>
> Die Ferien sind toll. Wir verbringen eine schöne Zeit am Bauernhof meiner Großmutter. Davon erzählen wir _____ genauer, wenn wir wieder in der Schule sind. Wir hoffen, _____ haben auch eine schöne Zeit. Wir haben uns sehr über _____ Lob zum Schulschluss gefreut. An Regentagen arbeiten wir fleißig in der Übungsmappe, die _____ uns gegeben haben. Wir wünschen _____ noch eine schöne Zeit und freuen uns schon darauf, _____ und unsere Mitschüler bald wiederzusehen.
>   Es grüßen _____
>   Dominik und Nina

Schreibe den Text ab!

Briefe schreiben

Lieber Bruno!

Wir sind für zwei Wochen auf dem Land.
Wie verbringst _____ _____ Ferien? Wir haben leider _____ Telefonnummer verloren, darum konnten wir _____ nicht anrufen.
Rufst _____ uns an, wenn _____ die Karte bekommst?
Wir würden _____ in den Ferien sehr gerne treffen.
Vielleicht magst _____ ja auch einmal mit uns ins Freibad gehen?

         Liebe Grüße
           Dominik und Nina

Schreibe eine eigene Karte!

das, alles, etwas

 Nach das, alles, etwas, nichts, viel und wenig werden Eigenschaftswörter großgeschrieben!

Setze ein! Achte auf die Großschreibung am Wortanfang!

lustig   **neu**   *interessant*   *gut*
nett   *aufregend*

das
das Lustige, das Nette, das Interessante,
das Aufregende, das Neue, das Gute

alles
alles Lustige, alles Nette, alles Interessante,
alles Aufregende, alles Neue, alles Gute

etwas
etwas Lustiges, etwas Nettes, etwas Interessantes,
etwas Aufregendes, etwas Neues, etwas Gutes

Verwende einige Wortgruppen in eigenen Sätzen!

Ich erzähle meinem Freund etwas Lustiges.

_____
_____
_____
_____

nichts, viel, wenig

Setze ein! Achte auf die Großschreibung am Wortanfang!

lustig **nett** **gut** **neu** *interessant*

nichts nichts Lustiges, nichts Nettes, nichts Interessantes, nichts Aufregendes, nichts Neues, nichts Gutes

viel viel Lustiges, viel Nettes, viel Interessantes, viel Aufregendes, viel Neues, viel Gutes

wenig wenig Lustiges, wenig Nettes, wenig Interessantes, wenig Aufregendes, wenig Neues, wenig Gutes

Verwende einige Wortgruppen in eigenen Sätzen!

Ich habe heute viel Aufregendes erlebt.

das, zum

 Nach das, zum, beim und vom werden Zeitwörter großgeschrieben!

Achte auf die Großschreibung am Wortanfang!

Was ich alles mag!

das Schwimmen, das Laufen,
das Reiten, das Spielen,
das Bauen, das Kochen

Der Tiger mag das Schwimmen.
Der Tiger

_____
_____
_____
_____

 Was braucht der Tiger wozu?

zum Schwimmen, zum Laufen, zum Reiten,
zum Spielen, zum Bauen, zum Kochen

Der Tiger braucht seine Flossen zum Schwimmen.
Der Tiger

_____
_____
_____
_____

beim, vom

(beim)

 Wobei hilft der Tiger?

beim Schwimmen, beim Laufen,
beim Reiten, beim Spielen,
beim Bauen, beim Kochen

Der Tiger hilft seinen Freunden beim Schwimmen.
Der Tiger _____

_____

_____

_____

(vom)

 Wovon ist der Tiger müde?

vom Schwimmen, vom Laufen,
vom Reiten, vom Spielen,
vom Bauen, vom Kochen

Der Tiger ist vom Schwimmen müde.
Der Tiger _____

_____

_____

_____

ck

Setze ck in die Lücken ein und ordne die Wörter in die Tabelle ein!

De__e   bu__lig   e__ig   rü__en   wi__eln
   La__e   ke__   de__en   Bli__   ga__ern
Lo__e   We__er   La__   Glü__   Zu__er
fli__en   bli__en   we__en   zu__ern
         lo__ig   fle__ig

Kennzeichne ck!

Namenwörter	Zeitwörter	Eigenschaftswörter
die Decke		

Bilde mit einigen ck-Wörtern eigene Sätze!

_____
_____
_____
_____

tz

Setze tz ein und schreibe die Wörter in Einzahl und Mehrzahl auf!

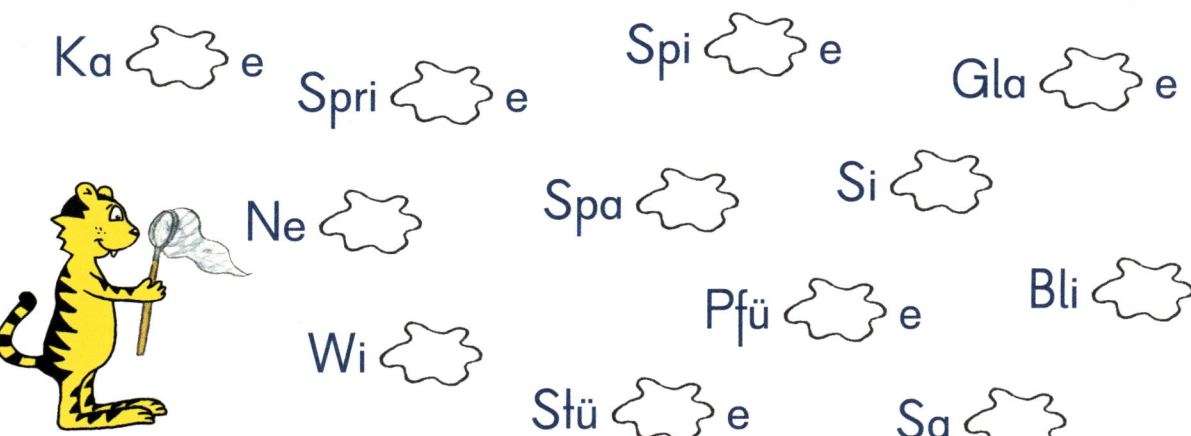

Ka___e Spri___e Spi___e Gla___e
Ne___ Spa___ Si___
Wi___ Pfü___e Bli___
Stü___e Sa___

Kennzeichne tz!

Einzahl	Mehrzahl	Einzahl	Mehrzahl
eine Ka(tz)e	viele Ka(tz)en		

Bilde mit einigen tz-Wörtern eigene Sätze!

_____
_____
_____
_____

ie

Findest du die Wörter, die sich reimen? Verbinde sie mit einem Strich!

Ziegel   Wiege   schief   Wiese   Stier
siegen   fliegen   Stiege   Riese
Fliege   Spiegel   Liege   tief   Tier

Schreibe die Reimwörter untereinander auf!

Riese
Wiese

Finde zu den Namenwörtern ein passendes Zeitwort!

die Lieferung _____   die Fliege _____

das Spiel _____   der Verdienst _____

das Ziel _____   der Sieger _____

die Wiege _____   der Spiegel _____

liefern, spielen, zielen, wiegen, fliegen, verdienen, siegen, spiegeln

Setze fiel(en) oder viel(e) richtig ein!

Alle Kinder wünschen sich _____ Spielzeug.

Es gibt _____ Tierarten.

Es _____ dicke Regentropfen vom Himmel.

Der Zirkusclown _____ über seine großen Schuhe.

Ständig _____ meinem Papa beim Kochen etwas hinunter.

Im letzten Herbst _____ bunte Blätter von den Bäumen.

s – ss – ß

Setze s – ss – ß ein!

Rie__e, Rei__e, Ro__e, Wie__e, Spei__e, Pau__e, Ho__e, Ra__en, lö__en, Hau__, le__en

me__en, e__en, la__en, kü__en, Flu__, Ku__, Ri__, Pa__, Fa__, Gebi__, Me__er

gie__en, schlie__en, grü__en, hei__en, bei__en, flie__en, drau__en, Spa__, Sto__, Stra__e, Strau__

Trage die Wörter richtig in die Tabelle ein! Ringle s – ss – ß bunt ein!

s	ss	ß

mm – nn – ss – tt

Setze die richtigen Doppelmitlaute ein und finde das passende Reimwort!

Ku_ _er – N_ _ _ _ _

Kla_ _er – H_ _ _ _ _

Flo_ _e – Sp_ _ _ _ _

Wa_ _e – K_ _ _ _

re_ _en – k_ _ _ _ _

Ma_ _e – W_ _ _ _

Ku_ _ – Fl_ _ _

Schlü_ _el – Rü_ _ _ _ _

So_ _e – T_ _ _ _

Ri_ _e – Sp_ _ _ _

ne_ _ – f_ _ _

Schi_ _el – H_ _ _ _ _

Se_ _el – K_ _ _ _ _

Schwa_ _ – K_ _ _ _

re_ _en – w_ _ _ _ _

We_ _e – K_ _ _ _ _

Ordne die Wörter richtig in die Tabelle ein!
Kennzeichne den kurz klingenden Selbstlaut und den Doppelmitlaut!

mm	nn	ss	tt
Kummer – Nummer			

rr – pp – ff – ll

Setze die richtigen Doppelmitlaute ein und finde das passende Reimwort!

sta __ en
Ba __
Pfi __
Trü __ el
Schna __ e
Bü __ el
Ma __ e
knu __ en
Que __ e
Ri f f
Kna __
kna __ en
ki __ en
Gri __
Schu __ e
We __ e
Pu __ e
Qua __ e
Ka __ e
Schi __
ti __ en
schnu __ en

Ordne die Wörter richtig in die Tabelle ein!
Kennzeichne den kurz klingenden Selbstlaut und den Doppelmitlaut!

rr	pp	ff	ll
starren – knarren			

31

mm – nn – ss – tt – rr – pp – ff – ll

Setze die Doppelmitlaute richtig ein! Kennzeichne den kurz klingenden Selbstlaut und den Doppelmitlaut in jedem Wort!

Ich sehe am Hi____el viele Wolken.
Im So____er liegt meine Mama gerne in der So____e.
Ich schmeiße den Mü____ in die To____e.
Meine Oma trägt eine schöne Ke____e um den Hals.
Ich ke____e viele Kinder, die eine Bri____e tragen.
Meine Oma strickt einen Pu____over aus Wo____e.
Die Katze auf meinem Schoß schnu____t laut.
Seit letztem Jahr habe ich einen eigenen Schlü____el.
Der Elefant hat einen langen, grauen Rü____el.
Der Hund unserer Nachbarn knu____t.
Ich e____e den Salat aus der Schü____el.
Mein Papa packt meinen Ko____er.
Meine Schwester möchte mit ihrer Pu____e spielen.

Schreibe die Wörter geordnet auf!

Wörter mit mm: *Himmel,* _____

Wörter mit nn: _____

Wörter mit ss: _____

Wörter mit tt: _____

Wörter mit rr: _____

Wörter mit pp: _____

Wörter mit ff: _____

Wörter mit ll: _____

bb – dd – gg

Setze die Doppelmitlaute richtig ein! Kennzeichne den kurz klingenden Selbstlaut und den Doppelmitlaut in jedem Wort!

schru**bb**en Schmu[ ]ler Pa[ ]el kna[ ]ern

Ro[ ]e

ba[ ]ern Ba[ ]er dri[ ]eln Ro[ ]en

pa[ ]eln

Pu[ ]ing Wi[ ]er kra[ ]eln

schmu[ ]eln E[ ]e Fla[ ]e

Schreibe die Wörter geordnet auf!

Wörter mit bb: _____

Wörter mit gg: _____

Wörter mit dd: _____

Bilde mit einigen Wörtern eigene Sätze!

aa – ee – oo

Bilde zusammengesetzte Namenwörter!

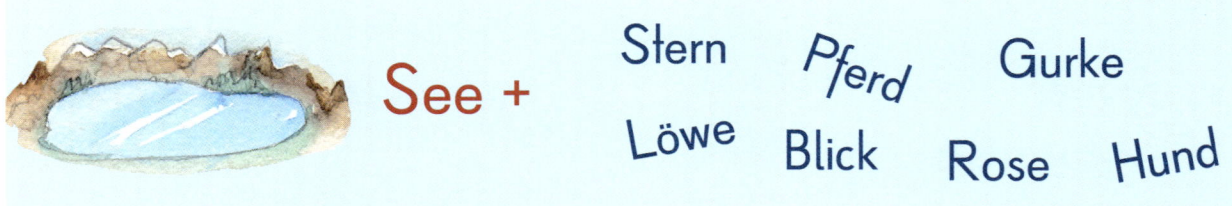

See + Stern, Pferd, Gurke, Löwe, Blick, Rose, Hund

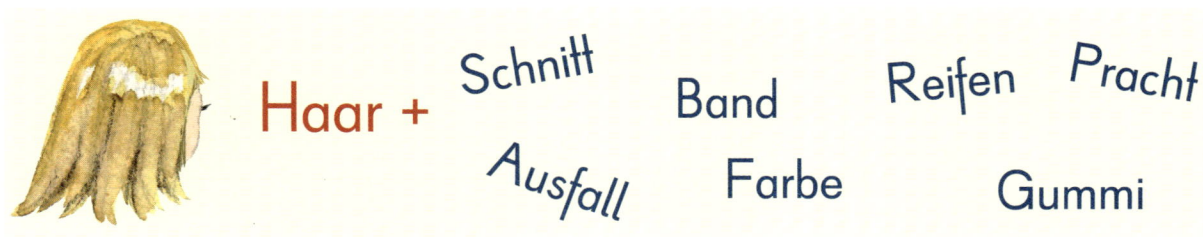

Haar + Schnitt, Band, Reifen, Pracht, Ausfall, Farbe, Gummi

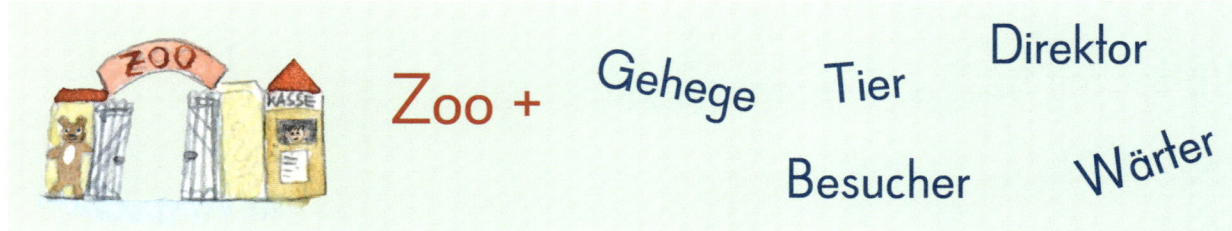

Zoo + Gehege, Tier, Direktor, Besucher, Wärter

Schreibe die zusammengesetzten Namenwörter auf und trenne die Silben durch einen Strich!

See|ro|se, _____

ai

Was fehlt?

H⬜   M⬜s   K⬜   M⬜baum

K⬜ser   M⬜   S⬜te   L⬜b

Schreibe die Wörter in alphabetischer Reihenfolge auf!

___

Kannst du diese Fragen richtig beantworten?
Antworte in ganzen Sätzen!

Der Monat zwischen April und Juni heißt ...?
Der Monat

Wer lebt im tiefen, tiefen Meer?
Der

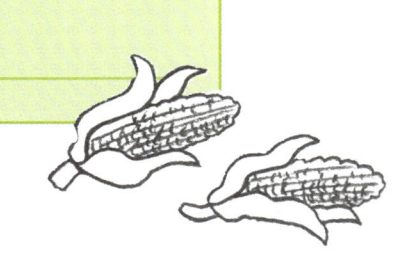

So kann ein Bub heißen:
Ein Bub

Was wird Anfang Mai aufgestellt?
Anfang Mai

Was kann man bei einer Gitarre zupfen?
Bei einer

Von wem wurden vor langer Zeit viele Länder regiert?
Viele Länder

Dehnungs-h

Schreibe die richtigen Namenwörter zu den Bildern!
Suche die Wörter in deinem Wörterbuch! Kreise bei jedem Wort das
Dehnungs-h und den Selbstlaut davor bunt ein!

Beispiel: das R(eh) S. ___

Zahn Lehne Fohlen Bahn Kuh Stuhl Lehrerin Floh Zahl Höhle Reh ✓ Hahn Huhn

36

Dehnungs-h

Setze die durcheinandergeratenen Wörter richtig zusammen!

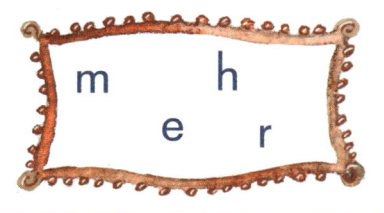

Gefahr

_____

Kahl	Zahl	mehr

Sohn — Wahrheit — Kuhstall

hohen — Fohlen — Lehrerin

Zahn — Lehne — Wasserhahn

d oder t?

Setze d oder t richtig ein und bilde die Mehrzahl!

die Han___ der Fluggas___ das Gel___

der Hun___ das Zel___ das Spielfel___

das Schil___ das Fahrra__d__ ✓

der Grun___

der Landwir___ der Hu___

Einzahl	Mehrzahl
das Fahrrad	die Fahrräder

Aus a wird ä

Finde zu den Eigenschaftswörtern verwandte Namenwörter!

lang — die Länge

nah —

hart —

scharf —

flach —

kalt —

warm —

stark —

Was fällt dir auf?

Bilde eigene Sätze!

_____
_____
_____
_____
_____
_____

Ich packe meinen Koffer …

Wenn du in einem Satz mehrere Sachen aufzählst, setzt du dazwischen einen Beistrich!

Spiele rückwärts – immer eins weniger!

Ich packe meinen Koffer und nehme eine Zahnbürste, ein Buch, ein Spiel, meine Eltern, mein Stofftier, einen Pullover, Socken, Kaugummi, Papier und Stifte mit.

Ich packe meinen Koffer und nehme eine Zahnbürste, ein Buch, ein Spiel, meine Eltern, mein Stofftier, einen Pullover, Socken, Kaugummi und Papier mit.

Wir verbinden Sätze

Wenn du Sätze mit dass, weil, wenn, als, trotzdem oder deshalb verbindest, setzt du einen Beistrich!

Setze passend ein: trotzdem   deshalb   weil   dass   als   wenn

Ich weiß, _____ Hunde gut riechen können.
Ich

Ich gehe gerne in die Schule, _____ ich dort viel lerne.
Ich

Ich füttere die Vögel, _____ sie kein Futter mehr finden.
Ich

Ich gehe spät schlafen, _____ stehe ich auch spät auf.
Ich

Ich las gerade mein Buch, _____ meine Schwester in mein Zimmer kam.
Ich

Ich bin ein guter Schwimmer, _____ gebe ich nicht damit an.
Ich

Sachen zum Lachen

Bei der wörtlichen Rede verwendest du Anführungszeichen.
Beispiel: „Du bist sehr fleißig."

Viele direkte Redesätze werden durch
einen Ankündigungssatz vorbereitet.

Steht er vor der wörtlichen Rede,
machst du einen Doppelpunkt.

Der Tiger sagt: „Du bist sehr fleißig."

Steht der Ankündigungssatz danach,
machst du einen Beistrich!

„Du bist sehr fleißig", sagt der Tiger.

Setze die Satzzeichen richtig ein!

Tim kommt von der Schule nach Hause.
Er erzählt ▢ ▢ Ich habe heute als Einziger aufgezeigt ▢ ▢
Die Mutter fragt ▢ ▢ Was war die Frage ▢ ▢
Darauf antwortet Tim ▢ ▢ Wer hat die Aufgabe vergessen ▢ ▢

Ich habe heute als Einziger aufgezeigt.

Was war die Frage?

Sachen zum Lachen

Gehst du denn schon in die Schule?

Na, klar!

Setze die Satzzeichen richtig ein!

„Gehst du denn schon in die Schule?", fragt der Onkel seine kleine Nichte Sabine.

„Na, klar", erwidert sie stolz.

Der Onkel fragt weiter: „So, so, und was machst du in der Schule?"

Darauf erwidert Sabine: „Ich warte, bis sie aus ist."

Setze die Satzzeichen richtig ein!

Oskar fragt ganz aufgeregt: „Frau Lehrerin, kann man auch für etwas bestraft werden, was man gar nicht gemacht hat?"

„Nein, Oskar, dafür kannst du keine Strafe bekommen", gibt die Lehrerin als Antwort.

Darauf sagt Oskar erleichtert: „Dann ist es ja gut, ich habe nämlich meine Hausaufgaben nicht gemacht."

Wir ordnen nach dem Alphabet

Ordne die Wörter nach dem Alphabet! Schreibe sie mit dem Artikel auf!

Bei gleichem Wortanfang achte auf den zweiten und dritten Buchstaben! Nummeriere die Wörter, bevor du sie aufschreibst!

Blatt   April   Hase   Mantel   Mast   Delle
Urlaub   Bluse   Nagel   Mond   Klappe
Nacht   Decke   Dach   Mutter   Traktor   Kloster
② Amsel ✓   Treppe   Hand   Kleid   Hund   ① Ampel ✓
Banane

die Ampel

die Amsel

Wiederholen im Zahlenraum 1000

Rechne aus und male die Ergebnisfelder an!

```
  423        771        514        804        209
  287      − 352        166      − 546        678
  ___        ___        ___        ___        ___
```

346 · 2   189 · 5   108 · 8   97 · 9

Male die Felder mit den Ergebnissen an!

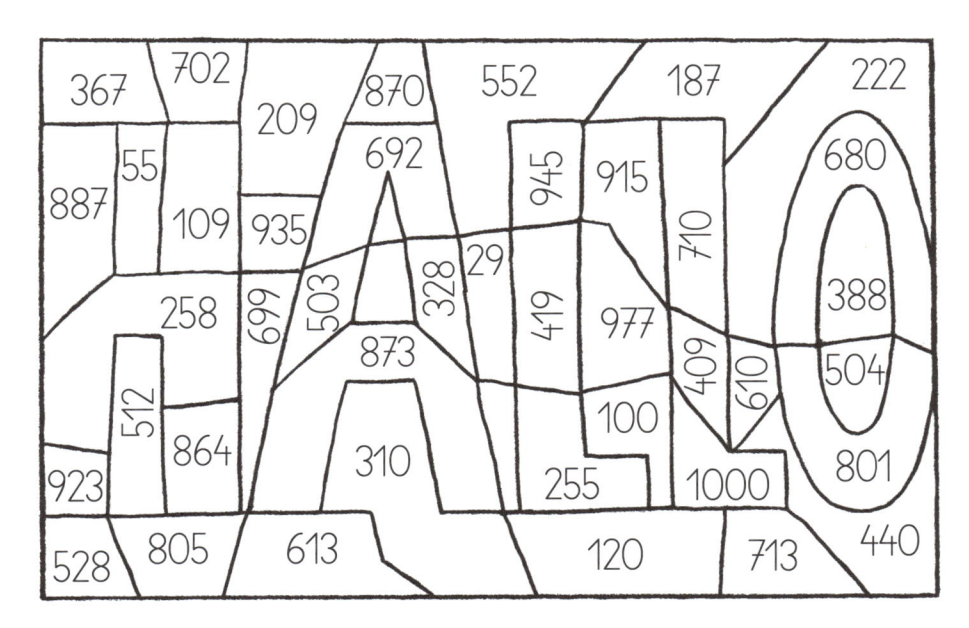

```
  592        614        724        547       1000
  209      − 359        199        453      − 497
  ___        ___        ___        ___        ___
```

818 : 2 = ___   984 : 3 = ___   436 : 4 = ___

Wiederhole und übe Sachaufgaben!

Der Tiger geht ins Theater. In der ersten Vorstellung sind 207 Menschen.
Die zweite Vorstellung sehen sich 398 Besucher an.
Wie viele Besucher waren insgesamt im Theater?

R:

A: _____

Im Möbelhaus stehen 249 Tische. Jeder Tisch hat 4 Tischbeine.
Wie viele Tischbeine sind es insgesamt?

R:

A: _____

Herr Rieger hat 867 Rosen auf dem Blumenmarkt gekauft.
Er teilt die Rosen gerecht auf seine drei Blumengeschäfte auf.
Wie viele Rosen bringt er in jedes Geschäft?

R:

A: _____

Rechne im Kopf: Michael hat 237 Euro gespart.
Er kauft sich ein Computerspiel um 49 Euro. Wie viel Geld hat er noch?

A: _____

Zahlenraum 10 000

Tausenderschritte

> 10 Tausender = 1 Zehntausender
> 10 T = 1 ZT
> 1 000 · 10 = 10 000

Schau genau!

Rechne aus!

200 + 300 = 500 → 2 000 + 3 000 = _____
800 − 200 = 600 → 8 000 − 2 000 = _____

7 000 + 2 000 = _____   9 000 − 3 000 = _____
5 000 + 3 000 = _____   7 000 − 4 000 = _____
2 000 + 1 000 = _____   8 000 − 1 000 = _____
4 000 + 6 000 = _____   10 000 − 5 000 = _____

Schau genau! Achte auf die Hunderter- und Tausenderstelle!

Hunderterschritte

Zähle weiter!

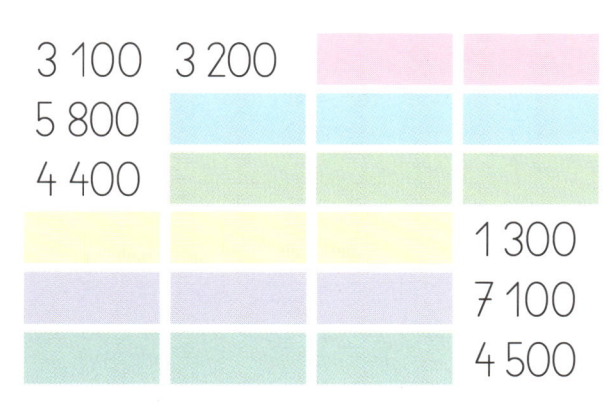

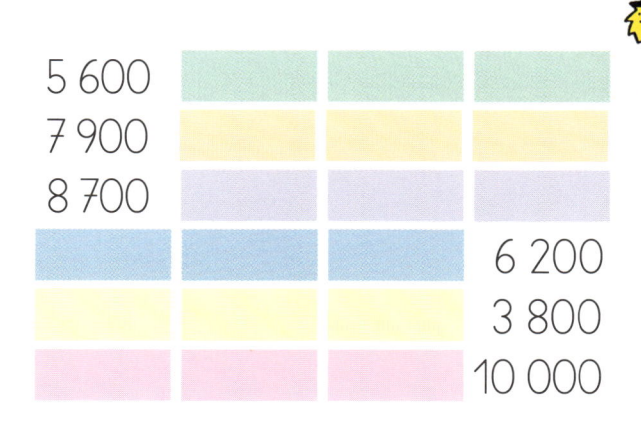

3 100	3 200				5 600			
5 800					7 900			
4 400					8 700			
			1 300					6 200
			7 100					3 800
			4 500					10 000

Schreib die Zahlen auf!

4T 3H = _____   1T 8H = _____   9T 5H = _____

8T 7H = _____   6T 1H = _____   10T 0H = _____

Zahlenraum 10 000

Zehnerschritte

Schau genau! Achte auf die Zehner- und Hunderterstelle!

Zähle in Zehnerschritten weiter!

5 240   5 250   ____   ____   7 360   ____   ____   ____
8 000   ____   ____   ____   9 790   ____   ____   ____
____   ____   ____   6 410   ____   ____   ____   4 640
____   ____   ____   3 000   ____   ____   ____   10 000

Ordne die Zahlen. Beginne mit der kleinsten Zahl!

| 4T 3H 2Z | | 7T 8H | | 5T 6H 6Z | | 2T 9Z | | 9H 5Z |

_____

Schreib die Zahlen auf!

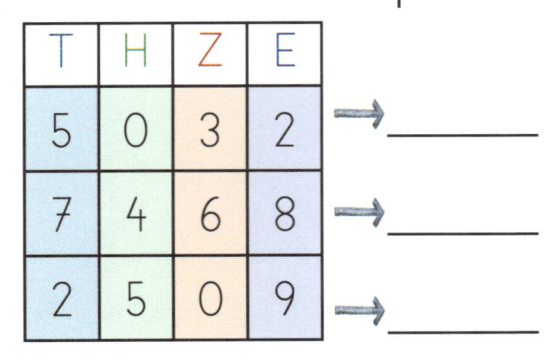

T	H	Z	E
5	0	3	2
7	4	6	8
2	5	0	9

→ _____
→ _____
→ _____

Zerlege die Zahlen!

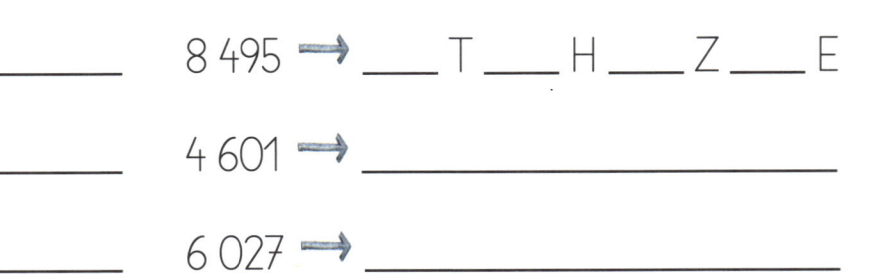

8 495 → ___ T ___ H ___ Z ___ E

4 601 → _____

6 027 → _____

Zähle in Einerschritten weiter!

3 768   3 769   ____   ____   5 998   ____   ____   ____
8 497   ____   ____   ____   7 000   ____   ____   ____

Rechnen bis 10 000

Bilde aus den angegebenen Ziffern
die kleinste mögliche Zahl: die größte mögliche Zahl:

5, 9, 7, 1

0, 2, 4, 6

3, 8, 2, 7

Rechne dazu und weg!

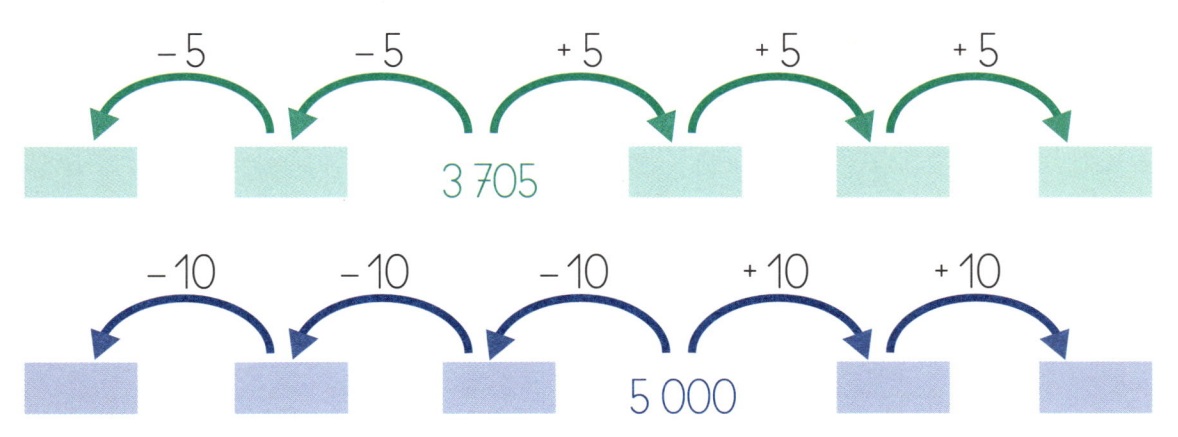

−5   −5   +5   +5   +5

☐   ☐   3 705   ☐   ☐   ☐

−10   −10   −10   +10   +10

☐   ☐   ☐   5 000   ☐   ☐

Löse die Sachaufgabe!

Familie Schneider hat gespart. Herr Schneider hat 4 385 Euro, Frau Schneider hat 3 019 Euro und Fabian hat 1 261 Euro gespart.
a) Wie viel Geld hat die Familie insgesamt?
b) Die Familie möchte ein Auto um 10 000 Euro kaufen. Wie viel Geld fehlt ihr noch?

R:

Antwort:
a) _____
b) _____

Längenmaße

10 cm = 1 dm
10 dm = 1 m

10 mm = 1 cm
100 cm = 1 m

Wandle um in mm!

99 cm 5 mm = _____   5 cm 6 mm = _____

1 m = _____   8 dm 4 cm 1 mm = _____

9 cm 8 mm = _____   2 dm = _____

3 dm 1 cm 5 mm = _____   42 cm 8 mm = _____

Wandle um in cm!

5 m 4 dm 3 cm = _____   7 dm 5 cm = _____

1 dm = _____   6 m = _____

8 m 1 dm 9 cm = _____   4 dm 2 cm = _____

2 m 3 dm 8 cm = _____   3 dm 8 cm = _____

Einzelmaße:

4362 m = 4 km 362 m

513 dm = _____

1253 m = _____

479 cm = _____

1382 mm = _____

496 mm = _____

2896 m = _____

304 dm = _____

1680 cm = _____

km	km	m	m	m	dm	cm	mm
	4	3	6	2			

Gewichtsmaße

> 10 g = 1 dag
> 100 dag = 1 kg

Wandle um in g!

4 dag 2 g = _____   10 kg = _____

7 dag 5 g = _____   6 dag 4 g = _____

3 kg = _____   8 kg = _____

9 dag 3 g = _____   1 kg 9 dag = _____

Wandle um in dag!

5 kg 45 dag = _____   9 kg 1 dag = _____

17 kg 36 dag = _____   8 kg 10 dag = _____

4 kg 2 dag = _____   34 kg 29 dag = _____

27 kg 99 dag = _____   3 kg 13 dag = _____

Einzelne Maße. Schreibe sie in die Umrechnungstabelle!

1034 dag = 10 kg 34 dag

506 dag = _____

20 g = _____

2000 g = _____

728 g = _____

45 g = _____

308 dag = _____

402 g = _____

998 dag = _____

t	kg	kg	kg	dag	dag	g
		1	0	3	4	

Euro und Cent

$$100 \text{ c} = 1 \text{ €}$$

So kannst du mit € und c rechnen.
Bei der Addition und Subtraktion kannst du so rechnen:

```
  314 c          3 € 14 c          3,14 €
  481 c          4 € 81 c          4,81 €
  _____          _____          _____
```

1. Wandle alle Beträge in Cent um!
2. Rechne mit Euro und Cent!
3. Verwende die Kommaschreibweise!

Rechne ebenso auf drei verschiedene Arten!

```
  628 c
  704 c
  _____
```

Subtrahiere! Alle 3 Möglichkeiten kennst du von der Addition.

```
                 8 € 96 c
              -  5 € 37 c
                 _____
```

```
                                    9,47 €
                                 -  3,36 €
                                    _____
```

Multipliziere! So kannst du mit € und c multiplizieren!

```
  676 c · 3          6,76 € · 3
```

1. Wandle alle Beträge in Cent um!
2. Verwende die Kommaschreibweise!

Schriftliche Multiplikation

Schriftliche Multiplikation mit reinen Zehnern

1.
```
   Z E
7 4 · 1 0
7 4 _
```

2.
```
   Z E
7 4 · 1 0
7 4 0
```

Schau genau!

Rechne aus!

85 · 40   45 · 20   35 · 30   79 · 50

_____   _____   _____   _____

Schriftliche Multiplikation mit gemischten Zehnern

1.
```
   Z E
5 6 · 1 2
5 6 0
_____
```

2.
```
   Z E
5 6 · 1 2
5 6 0
1 1 2
_____
```

3.
```
   Z E
5 6 · 1 2
5 6 0
1 1 2
6 7 2
```

Zuerst multiplizieren, dann addieren!

Rechne weiter!

56 · 24   92 · 35   61 · 52   78 · 86

Multipliziere mit großen Zahlen!

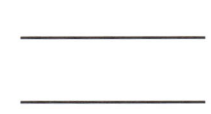

343 · 26   261 · 29   179 · 45   402 · 23

Sachaufgaben

Für eine Hochzeit werden 34 Tische benötigt.
Zu jedem Tisch gehören 23 Sessel.
Wie viele Gäste werden insgesamt erwartet?

R:　　　　　　　　　　　　A: _____

In einem Stadion sind 69 Plätze in einer Reihe. Das Stadion hat 316 Reihen.
Wie viele Besucher haben einen Sitzplatz?

R:　　　　　　　　　　　　A: _____

Herr Kainz hat 18 Fischteiche. In einem Teich leben 743 Fische.
Wie viele Fische hat Herr Kainz insgesamt?

R:　　　　　　　　　　　　A: _____

Die gesamte Volksschule mit 270 Kindern macht einen Ausflug nach Salzburg. Eine Bahnkarte kostet 34 €.
Wie viel müssen alle gemeinsam bezahlen?

R:　　　　　　　　　　　　A: _____

Zahlenraum 100 000

Zehntausenderschritte

> 10 Zehntausender = 1 Hunderttausender
> 10 ZT = 1 HT
> 10 000 · 10 = 100 000

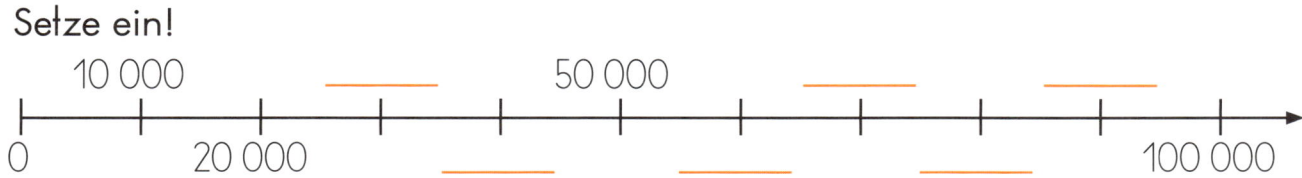

Setze ein!

10 000 _____ 50 000 _____ _____
0 20 000 _____ _____ _____ 100 000

Finde die Zehntausendernachbarn!

_____ 50 000 _____   _____ 90 000 _____
_____ 30 000 _____   _____ 70 000 _____

Tausenderschritte – zähle weiter!

15 000 _____ _____   29 000 _____ _____
44 000 _____ _____   78 000 _____ _____

Ordne die folgenden Zahlen nach ihrer Größe!

18 000, 74 000, 68 000, 21 000, 92 000, 45 000

18 000, _____

Hunderterschritte – Hunderternachbarn

_____ 43 200 _____   _____ 81 900 _____
_____ 69 600 _____   _____ 55 000 _____

Vergleiche und setze ein: ☐ oder ☐

56 400 ☐ 65 600   89 900 ☐ 98 900   42 400 ☐ 24 400

Zahlenraum 100 000

Stellenwerttabelle – schreib auf und addiere!

ZT	T	H	Z	E
6	3	4	7	2
2	0	9	5	8
4	8	3	0	1

_____ = 60 000 + 3 000 + _____ + _____ + _____

_____ = _____

_____ = _____

Zähle in Zehnerschritten weiter!

3 760   3 770   ____   ____   5 180   ____   ____   ____

8 500   ____   ____   ____   6 990   ____   ____   ____

Schreib die Zahl auf!

3ZT 5T 8H 2Z 4E = _____

8ZT 2T 6H 5Z 1E = _____

4ZT 1T 9H 3Z = _____

5ZT 7H 9Z 2E = _____

9ZT 4T 6E = _____

1HT = _____

Addiere!

40 000 + 5 000 + 100 + 20 + 7 = _____

70 000 + 2 000 + 600 + 50 + 3 = _____

20 000 + 400 + 70 + 9 = _____

50 000 + 30 + 1 = _____

60 000 + 500 + 4 = _____

90 000 + 800 + 10 = _____

Runden auf Zehner, Hunderter und Tausender

> Bei 0, 1, 2, 3, 4 wird abgerundet → 23 ≈ 20
> Bei 5, 6, 7, 8 und 9 wird aufgerundet → 58 ≈ 60

Runde auf Zehner! Achte auf die Einerstelle.

13 ≈ 10   85 ≈ ___   99 ≈ ___   45 ≈ ___

33 ≈ ___   17 ≈ ___   82 ≈ ___   43 ≈ ___

49 ≈ ___   58 ≈ ___   11 ≈ ___   66 ≈ ___

64 ≈ ___   71 ≈ ___   56 ≈ ___   28 ≈ ___

21 ≈ ___   95 ≈ ___   39 ≈ ___   77 ≈ ___

Pass auf!

Runde auf die Hunderter! Achte auf die Zehnerstelle.

214 ≈ 200   978 ≈ ___   112 ≈ ___

829 ≈ ___   293 ≈ ___   121 ≈ ___

765 ≈ ___   438 ≈ ___   787 ≈ ___

648 ≈ ___   994 ≈ ___   326 ≈ ___

417 ≈ ___   720 ≈ ___   431 ≈ ___

Runde auf Tausender! Achte dabei auf die Hunderterstelle.

8 278 ≈ ___   1 732 ≈ ___   7 643 ≈ ___

5 361 ≈ ___   4 329 ≈ ___   1 980 ≈ ___

4 380 ≈ ___   7 413 ≈ ___   6 763 ≈ ___

2 980 ≈ ___   6 804 ≈ ___   5 481 ≈ ___

9 947 ≈ ___   8 386 ≈ ___   2 765 ≈ ___

Überschlagendes Rechnen

Überschlagsrechnungen sind Rechnungen mit gerundeten Zahlen.

Rechne so! Runde auf Tausender.

Addition →	Überschlagsrechnung (Ü)	Subtraktion →	Überschlagsrechnung (Ü)
3265 2381 ___	3000 2000 ___	6874 − 2139 ___	7000 −2000 ___

Rechne weiter!

Addition →	Ü	Subtraktion →	Ü
7293 1988 ___	_____ _____ ___	9753 − 6215 ___	_____ _____ ___

Runde auf die Tausenderstelle! *Schau genau!*

Multiplikation →	Überschlagsrechnung (Ü)	Division →	Überschlagsrechnung (Ü)
1219 · 3 ___	___ · 3 ___	5 892 : 3 = ___	___ = ___

Zahlenraum 1 000 000

Schau genau!

10 Hunderttausender = 1 Million
10 HT = 1 M
100 000 · 10 = 1 000 000

Hunderttausenderschritte: Setze ein!

0 — 100 000 — ... — 1 000 000

Zehntausenderschritte: Zähl vor und zurück!

	580 000	590 000			
	760 000				
				340 000	

Setze die reinen Hunderttausendernachbarn ein!

	450 000	
	720 000	
	190 000	

Addiere!

600 000 + 40 000 =
100 000 + 25 000 =
300 000 + 76 000 =
500 000 + 98 000 =
700 000 + 49 000 =

Zahlenraum 1 000 000

Lies die Zahl und schreib sie auf!

fünfhundertdreiundzwanzigtausendachthundertvierzehn =

zweihundertsiebzehntausendzweihundertsechsunddreißig =

neunhundertvierzigtausendfünfhundertzehn =

Zerlege die Zahl!

463 691 = ___ HT ___ ZT ___ T ___ H ___ Z ___ E

741 053 = _____

528 160 = _____

109 726 = _____

870 040 = _____

Ergänze und rechne!

399 997 + _____ = 400 000
860 000 + _____ = 900 000
900 090 + _____ = 1 000 000
600 240 − _____ = 500 000
203 576 − _____ = 200 000
741 213 − _____ = 700 000

Setze ein: < oder >

260 000 + 20 000 ☐ 280 000 − 10 000

590 000 − 60 000 ☐ 530 000 + 40 000

Schriftliche Division

> Erinnere dich: 15 : 3 = 5 weil: 5 · 3 = 15
> Division ⇌ Multiplikation

Rechne aus! Dividiere und multipliziere!

36 : 4 = ___ → ___ · ___ = 36
54 : 9 = ___ → ___ · ___ = 54
49 : 7 = ___ → ___ · ___ = ___
27 : 3 = ___ → ___ · ___ = ___

Schau genau!

Rechne mit Zehnern!

90 : 30 = ___   80 : 40 = ___   60 : 20 = ___
70 : 10 = ___   50 : 50 = ___   20 : 10 = ___
640 : 80 = ___   180 : 60 = ___   250 : 50 = ___
320 : 40 = ___   360 : 90 = ___   270 : 30 = ___

Rechne mit Rest!

> Erinnere dich: 23 : 10 = 2 R 3
> weil: 2 · 10 + 3 = 23
>   (20)

95 : 90 = ___ R ___   82 : 40 = ___ R ___
61 : 30 = ___ R ___   56 : 10 = ___ R ___
184 : 60 = ___ R ___   259 : 50 = ___ R ___
215 : 30 = ___ R ___   327 : 40 = ___ R ___
492 : 70 = ___ R ___   638 : 90 = ___ R ___

Schriftliches Dividieren durch reine Zehner

1.

HZE	HZE
4̲2̲3 : 20 = .2_	
023	
__R	

2.

HZE	HZE
4̲2̲3 : 20 = .21	
023	
03R	

Schau genau!

Rechne weiter!

610 : 10 = ___   994 : 30 = ___   775 : 20 = ___

___   ___   ___

__R   __R   __R

872 : 40 = ___   473 : 20 = ___   589 : 30 = ___

___   ___   ___

__R   __R   __R

635 : 50 = ___   926 : 60 = ___   547 : 20 = ___

___   ___   ___

__R   __R   __R

459 : 10 = ___   715 : 50 = ___   824 : 40 = ___

___   ___   ___

__R   __R   __R

Kontrolliere den Rest! Er muss immer <u>kleiner</u> sein <u>als</u> die Zahl, durch die du dividierst.

Schriftliches Dividieren durch gemischte Zehner

1.

HZE   HZE
8̲6̲3 : 21 = . 4 _
023
___R

2.

HZE   HZE
8̲6̲3 : 21 = . 41
023
  02R

Schau genau!

667 : 32 = ___
___
___R

895 : 41 = ___
___
___R

512 : 13 = ___
___
___R

Steht an der <u>Einerstelle</u> der Zahl, durch die du dividierst, 1, 2, 3, 4, kannst du mit der **abgerundeten Zahl** versuchen zu rechnen. Steht dort 5, 6, 7, 8, 9, versuche es mit der **aufgerundeten Zahl**.

903 : 57 = ___
___
___R

724 : 68 = ___
___
___R

689 : 66 = ___
___
___R

599 : 63 = ___
___R

378 : 46 = ___
___R

465 : 37 = ___
___
___R

Rechne mit großen Zahlen!

42 017 : 51 = _____
___
___
___R

14 536 : 25 = _____
___
___
___R

Division und Multiplikation mit Probe

Schau genau!

Erinnere dich:
Division ⇌ Multiplikation

Rechne aus und mach auch die Probe!

                                   Probe: + Rest

10 478 : 42 = _____   _____ · 42

____R

Probe: + Rest

28 697 : 54 = _____

____R

Probe: + Rest

639 512 : 19 = _____

____R

Cool!

Von der Mehrheit zur anderen Mehrheit

4 Fahrräder kosten 340 €. Wie viel kosten 6 Fahrräder?

4 Fahrräder .... 340 €
6 Fahrräder .... ?

$:4 \cdot 6$
4 Fahrräder → 1 Fahrrad → 6 Fahrräder

So kommst du zur Einheit.	So kommst du zur anderen Mehrheit.
340 : 4 = 85	85 · 6
20	———
0 R	

6 Fahrräder kosten _____ €.

2 Laptops kosten 1198 €. Wie viel kosten 5 Laptops?

R:

A: _____

Herr Sabo hat 3 Lastwagen, die insgesamt 1062 kg Äpfel geladen haben. Wie viel kg Äpfel können 7 Lastwagen aufladen?

R:

A: _____

Multiplikation und Division mit € und c

So kannst du mit € und c multiplizieren:

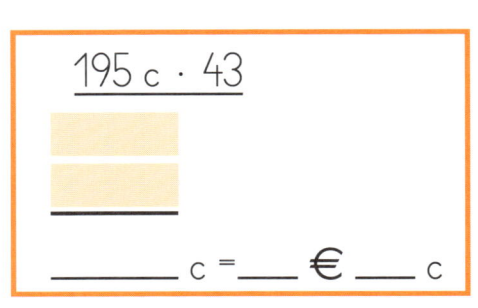

195 c · 43	1,95 € · 43
_____	_____
_____	_____
_____ c = ___ € ___ c	_____ € = ___ € ___ c

1. Wandle alle Beträge um!   2. Verwende die Kommaschreibweise!

Bei der schriftlichen Multiplikation rechnest du so, als wären keine Dezimalzahlen vorhanden. Setze im Ergebnis so viele Kommastellen ein, wie die beiden Faktoren zusammen haben.

Rechne ebenso:

362 c · 59   3,62 € · 59

_____ c = ___ € ___ c   _____ € = ___ € ___ c

So kannst du mit € und c dividieren:

100,75 c : 31 = _____ = ___ € ___ c

Beim Dividieren musst du alle Beträge in c umwandeln!

Dividiere 61 € 56 c durch 54.

R:

Winkel

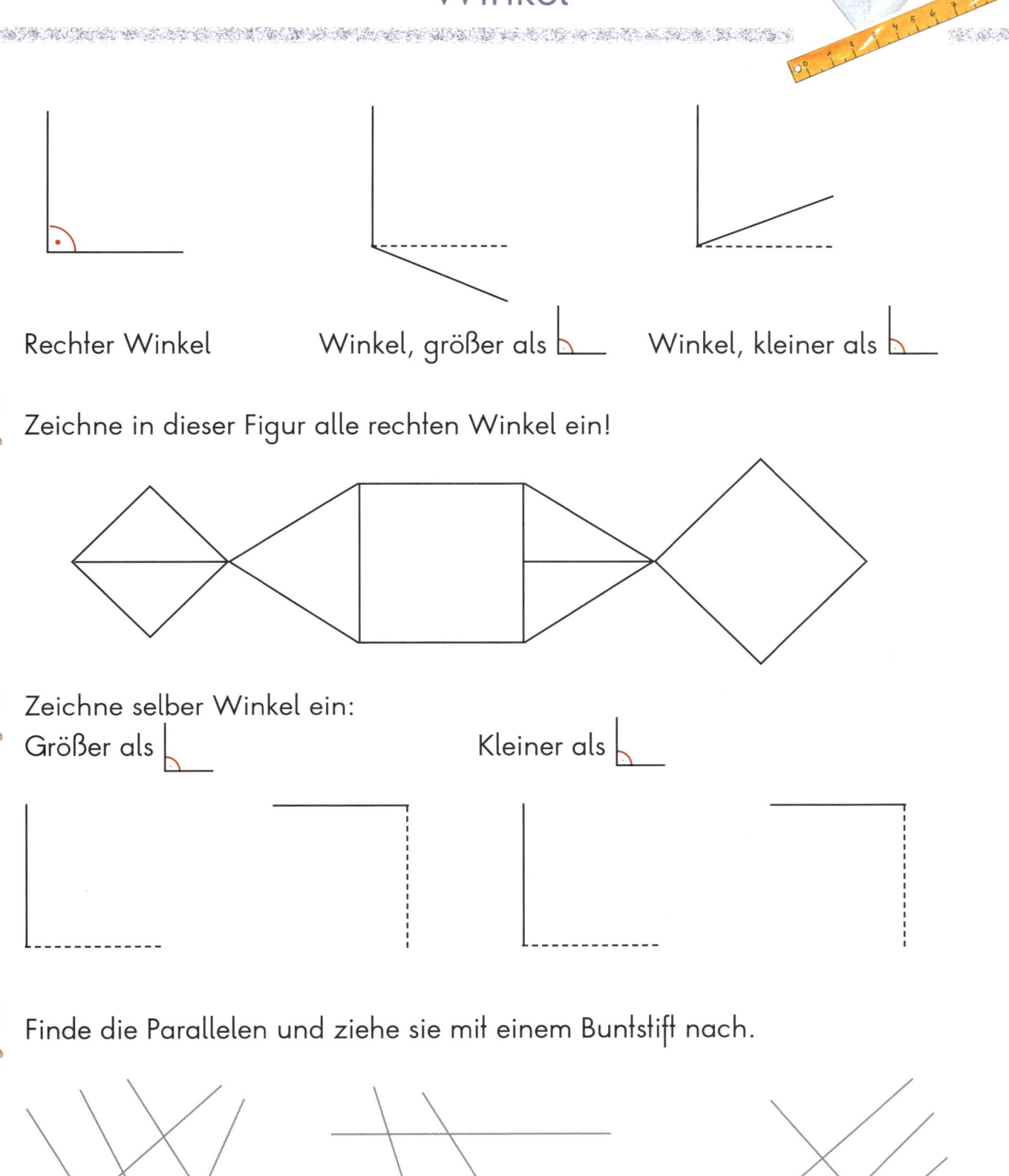

Rechter Winkel	Winkel, größer als ⌐	Winkel, kleiner als ⌐

🌵 Zeichne in dieser Figur alle rechten Winkel ein!

🌵 Zeichne selber Winkel ein:
Größer als ⌐	Kleiner als ⌐

🌵 Finde die Parallelen und ziehe sie mit einem Buntstift nach.

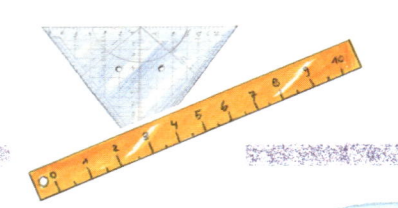

Umfang

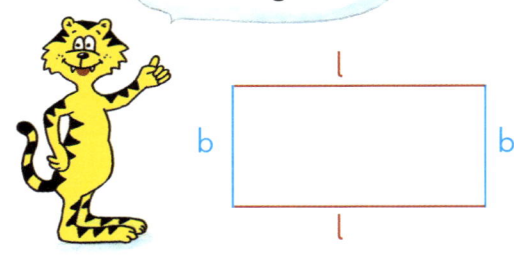

Erinnere dich:
Es gibt mehrere Möglichkeiten, den Umfang zu berechnen.
- $U = l + b + l + b$
- $U = 2 \cdot l + 2 \cdot b$

Berechne den Umfang dieses Rechtecks.

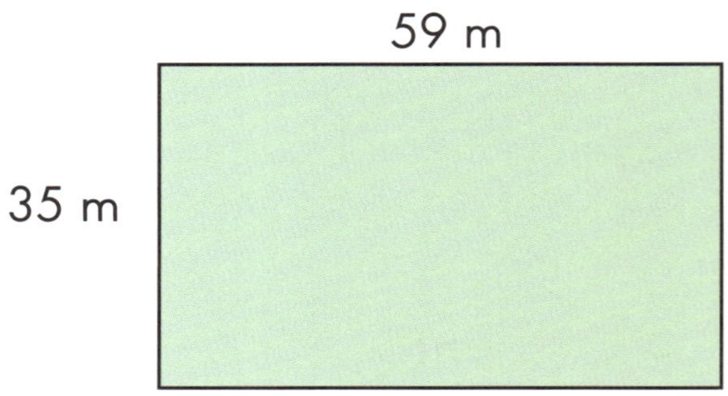

l = _____
b = _____
U = _____

59 m
35 m

A: Der Umfang _____

Herr Weiss möchte in seinem Wohnzimmer eine Sesselleiste verlegen. Wie viel m Holz braucht er? Schau dir die Skizze genau an!
Rechne in cm! Subtrahiere die Türbreite.

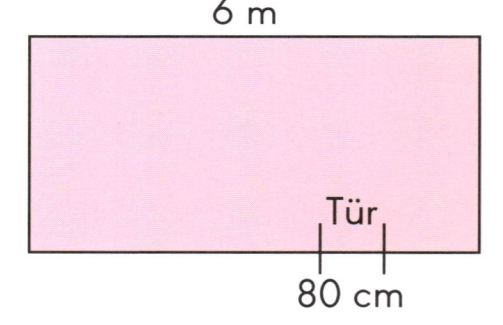

l = 600 cm
b = _____
U = _____

6 m
3 m
Tür
80 cm

A: _____

Frau Benjamin möchte um ihre Weide einen Zaun spannen.
Wie viel m Draht benötigt sie? Zeichne eine Skizze!

l = 125 m
b = 87 m
U = _____

A: _____

Flächenmaße

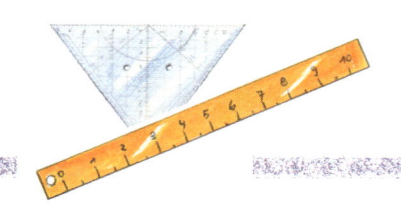

Was ist ungefähr so groß wie 1 cm²? Kreise es ein!

□ 1 cm²

Wie groß sind diese Flächen?

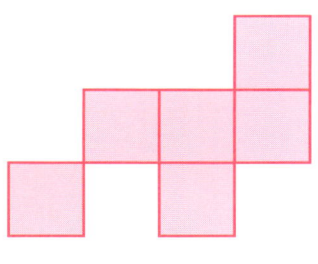

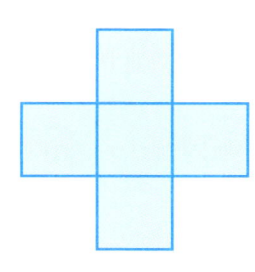

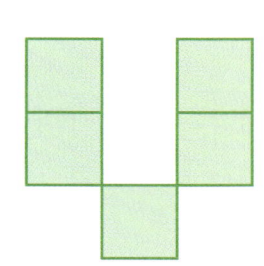

____ cm²   ____ cm²   ____ cm²

Schau genau! So viele Flächenmaße gibt es!

mm², cm², dm², m²

$$100 \text{ mm}^2 = 1 \text{ cm}^2$$
$$100 \text{ cm}^2 = 1 \text{ dm}^2$$
$$100 \text{ dm}^2 = 1 \text{ m}^2$$

Wandle um und trage die fehlenden Umwandlungen ein!

	m²	m²	dm²	dm²	cm²	cm²	mm²	mm²
300 mm²						3	0	0
100 mm²								
____								
4 088 dm²								
____								
1 331 cm²								
____								
14 579 mm²								

3 cm²
____
14 cm² 8 mm²
____
27 dm² 65 cm²
____
1 dm² 23 cm² 22 mm²
____

Flächenmaße

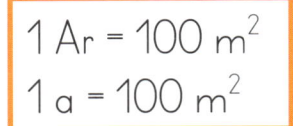

1 Ar = 100 m²
1 a = 100 m²

1 Hektar = 100 Ar
1 ha = 100 a

1 km² = 100 ha

Zum Vorstellen!
Welches Flächenmaß gehört zu welchem Bild?
Schreibe darunter! mm², cm², dm², m², a, ha, km²

Wien, 8. Bezirk*

* Der 8. Bezirk in Wien ist mit 1,08 km² der kleinste Wiener Bezirk.

Wandle um!

	km²	km²	ha	ha	a	a	m²	m²
415 ha		4	1	5				
1 263 m²								
987 a								
1 703 ha								
8 755 a								

4 km² ___ ha

14 km² 33 ha

3 km² 20 ha 19 a

4 a 36 m²

Flächenberechnungen

1. Reihe | 1 cm² | 1 cm² | 1 cm²
2. Reihe
3. Reihe
4. Reihe

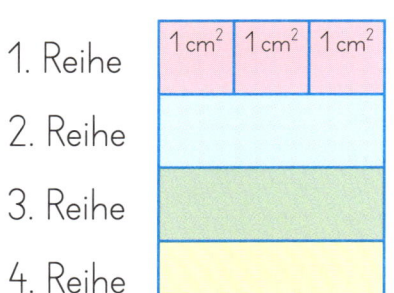

Fläche = A

3 cm² mal 4

$$\frac{3\text{ cm}^2 \cdot 4}{12\text{ cm}^2}$$

A = 12 cm²

Berechne die Fläche dieses Rechtecks.
Zeichne eine Skizze! 1 m entspricht 1 cm.

l = 7 m
b = 3 m

R:

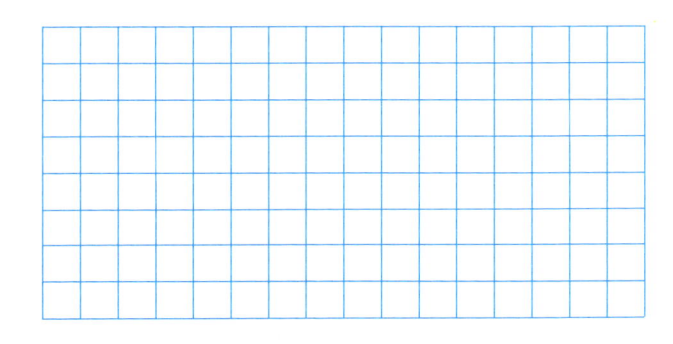

A = _____ m²

A: Die Fläche _____

Berechne die Fläche dieses Quadrats.
Miss zuerst die Seitenlänge ab.

s = _____ cm

R:

A = _____ cm²

A: Die Fläche _____

Sachaufgaben mit Flächenberechnungen

Herr Schwarz möchte sein quadratisches Zimmer mit einem Teppichboden auslegen. Wie viel m² Teppich benötigt er?

s = 12 m

R:

A: _____

Frau Kolarik möchte in ihrem Wohnzimmer einen Parkettboden verlegen. Wie viel m² Parkett benötigt sie?

l = 8 m
b = 13 m

R:

A: _____

Familie Lang will in ihrer Küche einen Fliesenstreifen kleben. Wie viel m² Fliesen braucht sie?

l = 650 cm
b = 23 cm

R:

A: _____

Umkehraufgaben

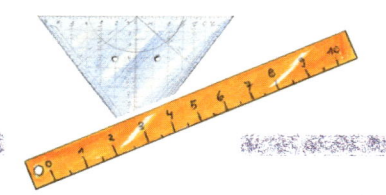

Fläche = l · b
A = l · b ⟶ A : b = l
           A : l = b

Schau genau!

Rechne!

A = 7 956 m²
l = 78 m
b = ?

R:

In einer rechteckigen Halle werden 30 652 m² Teppichboden verlegt.
Die Breite der Halle beträgt 97 m. Wie lang ist die Halle?

R:

A: _____

Der Umfang von Frau Sommers Pferdekoppel beträgt 1 852 m.
Sie möchte das Grundstück einzäunen.
Die Länge der Koppel ist 563 m. Wie breit ist das Grundstück?

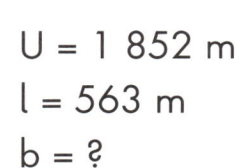

U = 1 852 m
l = 563 m
b = ?

Pass auf!

R: 563 · 2   1852   ____ : 2 = ____
    _____   − ____
                  ____

A: _____

Zusammengesetze Flächen

Berechne die Fläche der gesamten Figur.

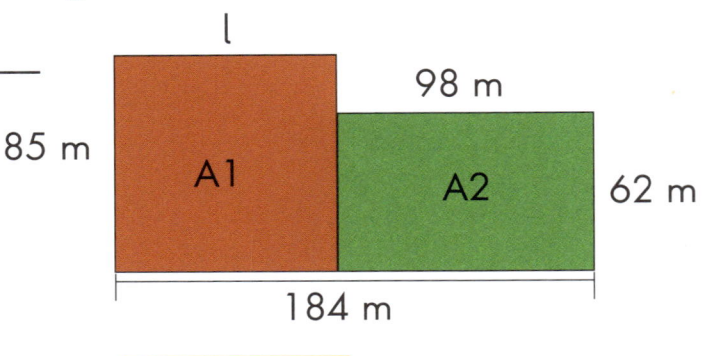

A1: l = 184 m − 98 m = _____
    b = 85 m
A1 =

A2: l = _____
    b = _____
A2 =

A1 + A2 =

Rechne die gesamte Fläche aus. A2 ist ein Quadrat!

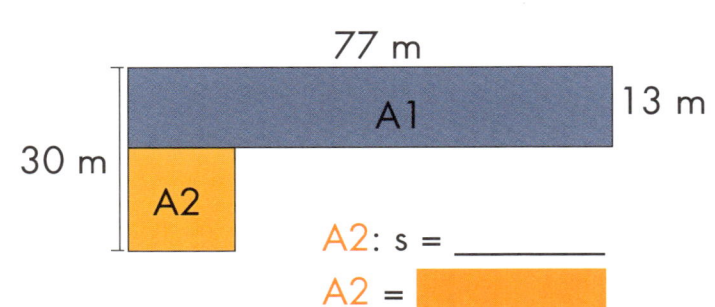

A1: l = _____
    b = _____
A1 =

A2: s = _____
A2 =

A1 + A2 =

Sarahs Badezimmer ist 3 m breit und 4 m lang. Die Küche ist 5 m lang. Bad und Küche sind gemeinsam 6 m breit. Wie breit ist die Küche? Berechne die gesamte Fläche von beiden Räumen!

A1: l = _____
    b = _____
A1 =

A2: l = _____
    b = _____
A2 =

A1 + A2 =

A: _____

_____

Körper und Netze

Erinnere dich:
Jeder Körper besteht aus Ecken, Kanten und Flächen.

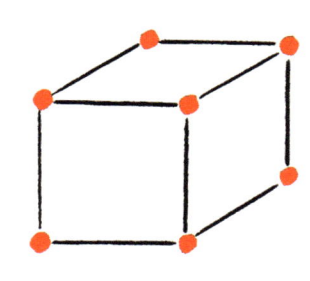

Jeder dieser geometrischen Körper hat ein Netz.
Verbinde immer Körper, Eigenschaften und Netz miteinander!

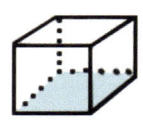

Würfel

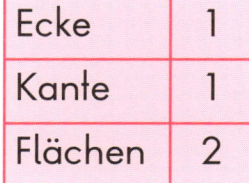

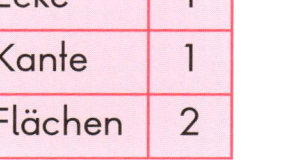

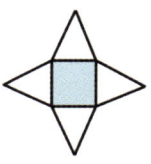

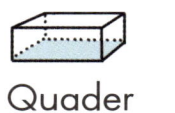

Ecke	1
Kante	1
Flächen	2

Quader

Ecken	8
Kanten	12
Flächen	6

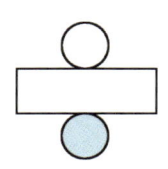

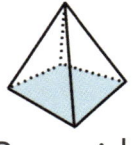

Pyramide

Ecken	0
Kanten	2
Flächen	3

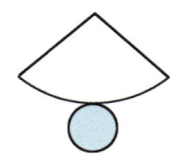

Kegel

Ecken	8
Kanten	12
Flächen	6

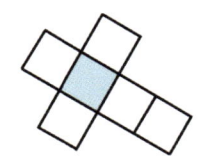

Zylinder

Ecken	5
Kanten	8
Flächen	5

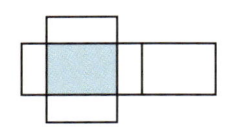

Zeit

1 Tag = 24 Stunden
1 Stunde = 60 Minuten
1 Minute = 60 Sekunden

Schau genau!

Wandle richtig um!

½ T = ____ h   3 h = ____ min   1 h 40 min = ____ min
4 min 3 s = ____ s   360 min = ____ h   5 min = ____ s

Wie lange brauchst du dafür?

Duschen ▬▬▬▬   Schulweg ▬▬▬▬

Frühstücken  ▬▬▬▬   Hausübung ▬▬▬▬

Zeitpunkt

Der Zeitpunkt gibt genau einen Moment an.
Z. B. 18:00 Uhr

Wobei handelt es sich um einen Zeitpunkt? Kreuze an!

☐ Der Zug fährt 2 Stunden lang.   ☐ Der Film dauert 1 Stunde.

☐ Die Schule beginnt um 8:00 Uhr.   ☐ Die Sendung beginnt um 18:30 Uhr.

Der Wandertag fängt um 8:00 Uhr an und dauert 4 h 45 min.
Wann ist der Wandertag zu Ende? 
R:

A: _____

Zeitdauer

> Die Zeitdauer beschreibt eine Zeitspanne.
> Z. B. seit 20:15 Uhr, von 2 Uhr bis 6 Uhr, es dauert 30 min

Wobei handelt es sich um eine Zeitdauer? Kreuze an!

- [ ] Der Flug dauert 2 h 30 min.
- [ ] Der Bus fährt um 7:30 Uhr.
- [ ] Eine Schulstunde dauert 50 min.
- [ ] Der Teig rastet seit 1 Stunde.

Ergänze diese Tabelle und beantworte die Fragen.

Personen	Reiseziel	Abflug	Ankunft	Flugdauer
Ramona	Japan	13:55		11 h 35 min
Ali	Frankreich	17:30	19:45	
Katharina	Maurizius	23:15	10:35	
Ayshe	Sri Lanka	15:05		12 h 20 min
Anna	London		9:15	2 h 30 min
Ismail	Afrika	20:15	8:40	
Susanne	Indien		18:45	7 h 15 min
Saida	Karibik	06:40		15 h 30 min
Andrea	Spanien		11:00	2 h 20 min
Reinhard	Sizilien	17:35	22:15	

Wer fliegt am längsten?   A: _____

Wer fliegt am kürzesten?   A: _____

Wer startet am zeitigsten in der Früh?   A: _____

Wer kommt erst am nächsten Tag an?   A: _____

Wer fliegt länger als 12 Stunden?   A: _____

Brüche

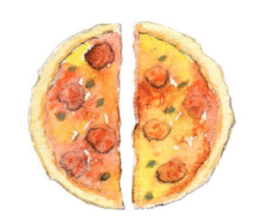

$\frac{1}{2}$ Zähler
Nenner

Der Zähler zählt die Teile.

Der Nenner zeigt, in wie viele Teile ein Ganzes geteilt wurde.

Male folgende Bruchstücke an!

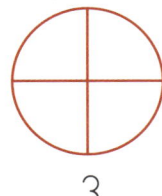

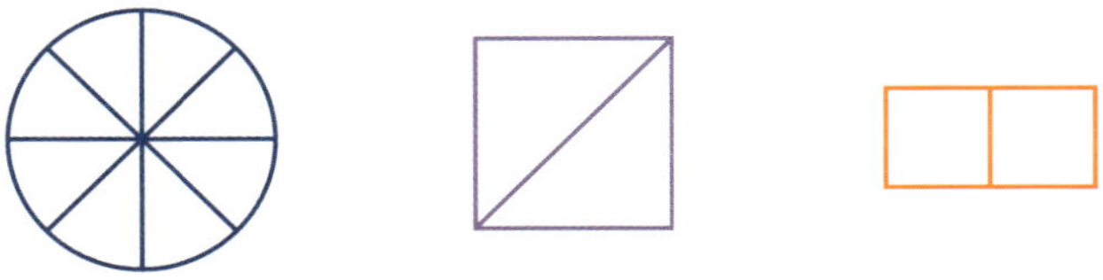

$\frac{3}{4}$ $\frac{6}{8}$ $\frac{2}{2}$ $\frac{1}{2}$

$1 = \frac{2}{2} \quad \frac{4}{4} \quad \frac{8}{8}$

Schau her, so geht das!

Rechne mit Bruchteilen! $\frac{1}{4} + \frac{2}{4} = \frac{3}{4}$

$\frac{1}{2} + \frac{1}{2} =$ 　　$\frac{1}{4} + \frac{1}{4} + \frac{1}{4} =$ 　　$1 - \frac{1}{8} =$

$\frac{1}{8} + \frac{7}{8} =$ 　　$1 - \frac{1}{2} =$ 　　$\frac{1}{8} + \frac{8}{8} =$

Bruchteile berechnet man so:

$\frac{1}{4}$ von 6 120

6120 : 4 = **1530**
21
　12
　　00
　　　0 R

Berechne:

$\frac{1}{4}$ von 7 816 　　7816 : 4 = _____

$\frac{1}{2}$ von 12 782

$\frac{1}{8}$ von 1 896

Wiederhole und übe verschiedene Sachaufgaben!

In Wien findet ein Popkonzert statt.
20 Minuten nach Kassenöffnung sind bereits 5 704 Eintrittskarten verkauft.
Am nächsten Tag werden nochmals 9 259 Karten verkauft.
Am Tag darauf sind es zusätzlich 12 860 Eintrittskarten.

a) Wie viele Eintrittskarten wurden insgesamt verkauft?
b) Ins Stadion passen insgesamt 34 507 Menschen. Wie viele Karten sind noch übrig, wenn man die 297 Stehplätze wegrechnet?

Familie Fischer kauft sich ein Haus mit Garten. Das gesamte Grundstück ist 1 260 m² groß. Die Breite beträgt 28 m.

a) Herr Fischer möchte das Grundstück umzäunen. Wie viel m Zaun braucht er?
b) Das Haus hat eine quadratische Grundfläche mit einer Seitenlänge von 17 m. Wie viel m² Rasen bleibt übrig?

Kompetent AUFSTEIGEN ... Junior

Erfolgreich starten in die AHS • NMS!

ISBN 978-3-7074-2057-9
€ 16,95

ISBN 978-3-7074-2058-6
€ 14,95

ISBN 978-3-7074-2021-0
€ 12,95

ISBN 978-3-7074-2060-9
€ 14,95

ISBN 978-3-7074-2059-3
€ 14,95

DURCHBLICK VOLKSSCHULE

ISBN 978-3-7074-1394-6
€ 9,95

ISBN 978-3-7074-1420-2
€ 9,95

ISBN 978-3-7074-1457-8
€ 9,95

ISBN 978-3-7074-1644-2
€ 9,95

Weitere Titel erhältlich unter www.ggverlag.at

LÖSUNGSHEFT
DER DOPPELTE DURCHBLICK
4. Klasse Volksschule

Seite 8

Namenwörter: Hochhaus, Tisch, Sessel, Blumenstock, Zunge, Kleid, Finger, Freude, Luft, Wolke

Zeitwörter: gehen, freuen, klettern, waschen, lesen, riechen, reinigen, schreiben, kochen, putzen

Eigenschaftswörter: groß, lieb, nett, faul, fleißig, laut, stark, klein, angenehm, hungrig

Die Seiten können in jedem Wörterbuch andere sein.
Bitte eine/n Erwachsene/n darum, die Übung zu kontrollieren!

Seite 9

Hasen hoppeln. Ich sehe **hoppelnde** Hasen.
Pferde traben. Ich sehe **trabende** Pferde.
Katzen kratzen. Ich sehe **kratzende** Katzen.
Hunde bellen. Ich sehe **bellende** Hunde.
Fische schwimmen. Ich sehe **schwimmende** Fische.
Löwen brüllen. Ich sehe **brüllende** Löwen.
Kängurus springen. Ich sehe **springende** Kängurus.

Seite 10

die Gesundheit, die Krankheit, die Sicherheit, die Fröhlichkeit, die Gemeinheit, die Traurigkeit, die Freundlichkeit, die Schwierigkeit, die Heiterkeit, die Faulheit

Wörter mit -heit: die Faulheit, die Gemeinheit, die Gesundheit, die Krankheit, die Sicherheit

Wörter mit -keit: die Freundlichkeit, die Fröhlichkeit, die Heiterkeit, die Schwierigkeit, die Traurigkeit

Seite 11

die Gemeinschaft, die Hilfsbereitschaft, das Erlebnis, das Ergebnis, das Hindernis, die Verwandtschaft, der Irrtum, das Eigentum, der Reichtum, die Verwendung, die Haltung, die Hoffnung

-schaft: Gemeinschaft, Hilfsbereitschaft, Verwandtschaft
-tum: Eigentum, Irrtum, Reichtum
-nis: Ergebnis, Erlebnis, Hindernis
-ung: Haltung, Hoffnung, Verwendung

Seite 12

durstig, herrlich, schattig, hungrig, fürchterlich, schriftlich, gemütlich, musikalisch, schrecklich, eckig, witzig, fleißig, pünktlich, neidig

-ig: durstig, eckig, fleißig, hungrig, neidig, schattig, witzig
-lich: fürchterlich, gemütlich, herrlich, pünktlich, schrecklich, schriftlich
-isch: musikalisch

Seite 13

-sam: sparsam, grausam, einsam, furchtsam, langsam, aufmerksam
-bar: furchtbar, wunderbar, sichtbar, unsichtbar, erkennbar, lösbar
-los: mutlos, mühelos, achtlos, erfolglos, wolkenlos, furchtlos

Seite 14

ent-: entwickeln, entspringen, entlassen, entlaufen, entkommen, enttäuschen, entzünden, entspannen, entscheiden
ver-: verlesen, verrechnen, verleihen, vertragen, verzweifeln, verstehen, verschwinden, verlaufen
vor-: vorgehen, vorsagen, vorsorgen, vormachen, vorlesen, vorturnen, vorrechnen

Seite 15

der Zoo + die Bahn, die Straße + der Wärter, das Fenster + das Haus, das Holz + das Glas, der Garten + der Arzt, das Obst + der Fall, das Tier + die Bank, das Wasser + der Baum

der Zoo	+	der Wärter	=	der Zoowärter
das Wasser	+	der Fall	=	der Wasserfall
das Fenster	+	das Glas	=	das Fensterglas
das Obst	+	der Baum	=	der Obstbaum
der Garten	+	die Bank	=	die Gartenbank
das Tier	+	der Arzt	=	der Tierarzt
die Straße	+	die Bahn	=	die Straßenbahn
das Holz	+	das Haus	=	das Holzhaus

Seite 16

Zoo=wär=ter, Stra=ßen=bahn, Fens=ter=brett, Hoch=haus, Gar=ten=bank, Obst=baum, Tier=arzt=pra=xis, Was=ser=fall, Ses=sel=leh=ne, Ba=de=was=ser, Brat=pfan=ne, But=ter=mes=ser, Pfef=fer=kör=ner, Ster=nen=him=mel, Post=sack, Re=gen=ja=cke, Schul=glo=cke, Hän=ge=brü=cke

Wörter mit 2 Silben: Hochhaus, Obstbaum, Postsack

Wörter mit 3 Silben: Zoowärter, Straßenbahn, Fensterbrett, Gartenbank, Wasserfall, Bratpfanne, Schulglocke

Wörter mit 4 Silben: Tierarztpraxis, Sessellehne, Badewasser, Buttermesser, Pfefferkörner, Sternenhimmel, Regenjacke, Hängebrücke

Seite 17

die **Au**tofahrerin, das **K**artenspiel, die **H**olzhütte, der **K**uhstall, die **L**uftpumpe, der **Au**tositz, der **Au**tomechaniker, das **G**eburtstagsfest, die **T**ischplatte, das **A**stloch, der **F**estsaal, die **S**andkiste, der **A**pfelbaum, der **S**onnenhut, das **K**atzenfutter, der **S**onnenschein

Seite 18/19

In der **S**chule sitze ich neben meiner **F**reundin **S**onja.
Wir haben den ganzen **T**ag sehr viel **S**paß.
Manchmal muss unsere **L**ehrerin mit uns schimpfen, weil wir miteinander plaudern.
In der **E**sspause teilen wir meistens unser **E**ssen.
Sonja hat immer gute **B**rote dabei. **N**ach der **P**ause arbeiten wir wieder fleißig.
Wenn das **W**etter schön ist, gehen wir mit der ganzen **K**lasse in den **G**arten zum **S**pielen. **D**as macht großen **S**paß!
Die **B**uben spielen fast immer **F**ußball, manchmal spielen wir mit ihnen.
Besonders gern mag ich die **Z**eichenstunde. **I**ch habe immer gute **I**deen, und der **L**ehrerin gefallen meine **Z**eichnungen besonders gut. **I**ch bin immer sehr stolz, wenn meine **Z**eichnung im **S**chulhaus aufgehängt wird.
Ich gehe wirklich gerne in die **S**chule.

Seite 20

Liebe Frau Lehrerin!
Die Ferien sind toll. Wir verbringen eine schöne Zeit am Bauernhof meiner Großmutter. Davon erzählen wir **Ihnen** genauer, wenn wir wieder in der Schule sind. Wir hoffen, **Sie** haben auch eine schöne Zeit. Wir haben uns sehr über **Ihr** Lob zum Schulschluss gefreut. An Regentagen arbeiten wir fleißig in der Übungsmappe, die **Sie** uns gegeben haben. Wir wünschen **Ihnen** noch eine schöne Zeit und freuen uns schon darauf, **Sie** und unsere Mitschüler bald wiederzusehen.
Es grüßen **Sie**
Dominik und Nina

Seite 21

Lieber Bruno!
Wir sind für zwei Wochen auf dem Land.
Wie verbringst **du deine** Ferien? Wir haben leider **deine**
Telefonnummer verloren, darum konnten wir **dich** nicht anrufen.
Rufst **du** uns an, wenn **du** die Karte bekommst?
Wir würden **dich** in den Ferien sehr gerne treffen.
Vielleicht magst **du** ja auch einmal mit uns ins Freibad gehen?
     Liebe Grüße
     Dominik und Nina

Seite 22

das Lustige, **das N**ette, **das I**nteressante, **das A**ufregende, **das N**eue, **das G**ute
alles Lustige, **alles N**ette, **alles I**nteressante, **alles A**ufregende, **alles N**eue, **alles G**ute
etwas Lustiges, **etwas N**ettes, **etwas I**nteressantes, **etwas A**ufregendes,
etwas Neues, **etwas G**utes

Seite 23

nichts Lustiges, **nichts N**ettes, **nichts I**nteressantes, **nichts A**ufregendes,
nichts Neues, **nichts G**utes
viel Lustiges, **viel N**ettes, **viel I**nteressantes, **viel A**ufregendes, **viel N**eues, **viel G**utes
wenig Lustiges, **wenig N**ettes, **wenig I**nteressantes, **wenig A**ufregendes,
wenig Neues, **wenig G**utes

Seite 24

Der Tiger mag **das S**chwimmen.   Der Tiger mag **das S**pielen.
Der Tiger mag **das L**aufen.   Der Tiger mag **das B**auen.
Der Tiger mag **das R**eiten.   Der Tiger mag **das K**ochen.

Der Tiger braucht seine Flossen **zum S**chwimmen.
Der Tiger braucht seine Sportschuhe **zum L**aufen.
Der Tiger braucht seinen Sattel **zum R**eiten.
Der Tiger braucht seine Freunde **zum S**pielen.
Der Tiger braucht seine Bausteine **zum B**auen.
Der Tiger braucht seinen Kochlöffel **zum K**ochen.

Seite 25

Der Tiger hilft seinen Freunden **beim S**chwimmen.
Der Tiger hilft seinen Freunden **beim L**aufen.
Der Tiger hilft seinen Freunden **beim R**eiten.
Der Tiger hilft seinen Freunden **beim S**pielen.
Der Tiger hilft seinen Freunden **beim B**auen.
Der Tiger hilft seinen Freunden **beim K**ochen.

Der Tiger ist **vom S**chwimmen müde.   Der Tiger ist **vom S**pielen müde.
Der Tiger ist **vom L**aufen müde.   Der Tiger ist **vom B**auen müde.
Der Tiger ist **vom R**eiten müde.   Der Tiger ist **vom K**ochen müde.

Seite 26

Decke, decken, bucklig, eckig, rücken, wickeln, Locke, Lacke, keck, Blick, gackern, Wecker, Lack, flicken, blicken, wecken, zuckern, Glück, Zucker, lockig, fleckig

Namenwörter: die Decke, die Locke, die Lacke, der Blick, der Wecker, der Lack, das Glück, der Zucker
Zeitwörter: decken, rücken, wickeln, gackern, flicken, blicken, wecken, zuckern
Eigenschaftswörter: bucklig, eckig, keck, lockig, fleckig

Seite 27

Spatz, Spritze, Spitze, Glatze, Netz, Katze, Sitz, Witz, Pfütze, Blitz, Stütze, Satz

eine Katze – viele Katzen, eine Pfütze – viele Pfützen, eine Stütze – viele Stützen, ein Satz – viele Sätze, ein Sitz – viele Sitze, eine Spitze – viele Spitzen, eine Spritze – viele Spritzen, ein Spatz – viele Spatzen, ein Blitz – viele Blitze, ein Witz – viele Witze, eine Glatze – viele Glatzen, ein Netz – viele Netze

Seite 28

Riese – Wiese, Wiege – Stiege – Liege – Fliege, Stier – Tier, Ziegel – Spiegel, tief – schief, fliegen – siegen

die Lieferung – liefern, das Spiel – spielen, das Ziel – zielen, die Wiege – wiegen, die Fliege – fliegen, der Verdienst – verdienen, der Sieger – siegen, der Spiegel – spiegeln

Alle Kinder wünschen sich **viel** Spielzeug.
Es gibt **viele** Tierarten.
Es **fielen** dicke Regentropfen vom Himmel.
Der Zirkusclown **fiel** über seine großen Schuhe.
Ständig **fiel** meinem Papa beim Kochen etwas hinunter.
Im letzten Herbst **fielen viele** bunte Blätter von den Bäumen.

Seite 29

s: Riese, Reise, Rose, Wiese, Speise, Pause, Hose, Rasen, lösen, Haus, lesen
ß: gießen, schließen, grüßen, heißen, beißen, fließen, draußen, Spaß, Stoß, Straße, Strauß
ss: messen, essen, lassen, küssen, Fluss, Kuss, Riss, Pass, Fass, Gebiss, Messer

Seite 30

mm: Kummer – Nummer, Klammer – Hammer, Schimmel – Himmel, Schwamm – Kamm
nn: Sonne – Tonne, Rinne – Spinne, Wanne – Kanne, rennen – kennen
ss: Schlüssel – Rüssel, Flosse – Sprosse, Sessel – Kessel, Kuss – Fluss
tt: nett – fett, Matte – Watte, retten – wetten, Wette – Kette

Seite 31

rr: starren – knarren, schnurren – knurren
pp: Schuppe – Puppe, Kappe – Mappe, tippen – kippen
ff: Griff – Pfiff – Riff – Schiff, Büffel – Trüffel
ll: Ball – Knall, Welle – Quelle, Schnalle – Qualle

Seite 32

Ich sehe am Himmel viele Wolken.
Im Sommer liegt meine Mama gerne in der Sonne.
Ich schmeiße den Müll in die Tonne.
Meine Oma trägt eine schöne Kette um den Hals.
Ich kenne viele Kinder, die eine Brille tragen.
Meine Oma strickt einen Pullover aus Wolle.
Die Katze auf meinem Schoß schnurrt laut.
Seit letztem Jahr habe ich einen eigenen Schlüssel.
Der Elefant hat einen langen, grauen Rüssel.
Der Hund unserer Nachbarn knurrt.
Ich esse den Salat aus der Schüssel.
Mein Papa packt meinen Koffer.
Meine Schwester möchte mit ihrer Puppe spielen.

Wörter mit mm: der Himmel, der Sommer
Wörter mit nn: die Sonne, die Tonne, kenne
Wörter mit ss: der Schlüssel, der Rüssel, esse, die Schüssel
Wörter mit tt: die Kette
Wörter mit rr: schnurrt, knurrt
Wörter mit pp: die Puppe
Wörter mit ff: der Koffer
Wörter mit ll: der Müll, die Brille, der Pullover, die Wolle

Seite 33

schrubben, Schmuggler, Paddel, knabbern, Robbe, baggern, Bagger, dribbeln, Roggen, paddeln, Pudding, Widder, krabbeln, schmuggeln, Ebbe, Flagge

Wörter mit bb: schrubben, dribbeln, krabbeln, Ebbe, knabbern, Robbe
Wörter mit gg: Schmuggler, Roggen, Flagge, Bagger, baggern, schmuggeln
Wörter mit dd: Pudding, paddeln, Paddel, Widder

Seite 34

See|ro|se, See|blick, See|pferd, See|lö|we, See|hund, See|stern, See|gur|ke
Haar|pracht, Haar|aus|fall, Haar|band, Haar|rei|fen, Haar|gum|mi, Haar|far|be, Haar|schnitt
Zoo|tier, Zoo|wär|ter, Zoo|ge|he|ge, Zoo|di|rek|tor, Zoo|be|su|cher

Seite 35

Hai, Kai, Kaiser, Laib, Mai, Maibaum, Mais, Saite

Der Monat zwischen April und Juni heißt **Mai**.
Der **Hai** lebt im tiefen, tiefen Meer.
Ein Bub kann **Kai** heißen.
Anfang **Mai** wird ein **Maibaum** aufgestellt.
Bei einer Gitarre kann man die **Saiten** zupfen.
Viele Länder wurden von einem **Kaiser** regiert.

Seite 36

das Reh, die Kuh, der Zahn, der Floh, das Fohlen, der Hahn, der Stuhl, die Lehrerin, die Höhle, die Lehne, die Zahl, das Huhn, die Bahn

Die Seiten können in jedem Wörterbuch andere sein.
Bitte eine/n Erwachsene/n darum, die Übung zu kontrollieren!

Seite 37

Gefahr, kahl, Zahl, mehr, Sohn, Wahrheit, Kuhstall, ohne, Fohlen, Lehrerin, Zahn, Lehne, Wasserhahn

Seite 38

das Fahrrad – die Fahrräder, die Hand – die Hände, der Fluggast – die Fluggäste, das Geld – die Gelder, das Zelt – die Zelte, das Spielfeld – die Spielfelder, der Hund – die Hunde, das Schild – die Schilder, der Grund – die Gründe, der Landwirt – die Landwirte, der Hut – die Hüte

Seite 39

lang – die Länge, nah – die Nähe, hart – die Härte, scharf – die Schärfe, flach – die Fläche, kalt – die Kälte, warm – die Wärme, stark – die Stärke
Was fällt dir auf? Aus a wird ä!

Seite 40

Ich packe meinen Koffer und nehme eine Zahnbürste, ein Buch, ein Spiel, meine Eltern, mein Stofftier, einen Pullover, Socken, Kaugummi, Papier und Stifte mit.
Ich packe meinen Koffer und nehme eine Zahnbürste, ein Buch, ein Spiel, meine Eltern, mein Stofftier, einen Pullover, Socken, Kaugummi und Papier mit.
Ich packe meinen Koffer und nehme eine Zahnbürste, ein Buch, ein Spiel, meine Eltern, mein Stofftier, einen Pullover, Socken und Kaugummi mit.
Ich packe meinen Koffer und nehme eine Zahnbürste, ein Buch, ein Spiel, meine Eltern, mein Stofftier, einen Pullover und Socken mit.
Ich packe meinen Koffer und nehme eine Zahnbürste, ein Buch, ein Spiel, meine Eltern, mein Stofftier und einen Pullover mit.
Ich packe meinen Koffer und nehme eine Zahnbürste, ein Buch, ein Spiel, meine Eltern und mein Stofftier mit.
Ich packe meinen Koffer und nehme eine Zahnbürste, ein Buch, ein Spiel und meine Eltern mit.

Ich packe meinen Koffer und nehme eine Zahnbürste, ein Buch und ein Spiel mit.
Ich packe meinen Koffer und nehme eine Zahnbürste und ein Buch mit.
Ich packe meinen Koffer und nehme eine Zahnbürste mit.

Seite 41

Ich weiß, **dass** Hunde gut riechen können.
Ich gehe gerne in die Schule, **weil** ich dort viel lerne.
Ich füttere die Vögel, **wenn** sie kein Futter mehr finden.
Ich gehe spät schlafen, **deshalb** stehe ich auch spät auf.
Ich las gerade mein Buch, **als** meine Schwester in mein Zimmer kam.
Ich bin ein guter Schwimmer, **trotzdem** gebe ich nicht damit an.

Seite 42

Tim kommt von der Schule nach Hause. Er erzählt: „Ich habe heute als Einziger aufgezeigt."
Die Mutter fragt: „Was war die Frage?"
Darauf antwortet Tim: „Wer hat die Aufgabe vergessen?"

Seite 43

„Gehst du denn schon in die Schule?", fragt der Onkel seine kleine Nichte Sabine.
„Na, klar!", erwidert sie stolz.
Der Onkel fragt weiter: „So, so, und was machst du in der Schule?"
Darauf erwidert Sabine: „Ich warte, bis sie aus ist."

Oskar fragt ganz aufgeregt: „Frau Lehrerin, kann man auch für etwas bestraft werden, was man gar nicht gemacht hat?" „Nein, Oskar, dafür kannst du keine Strafe bekommen", gibt die Lehrerin als Antwort.
Darauf sagt Oskar erleichtert: „Dann ist es ja gut, ich habe nämlich meine Hausaufgaben nicht gemacht."

Seite 44

die Ampel, die Amsel, der April, die Banane, das Blatt, die Bluse, das Dach, die Decke, die Delle, die Hand, der Hase, der Hund, die Klappe, das Kleid, das Kloster, der Mantel, der Mast, der Mond, die Mutter, die Nacht, der Nagel, der Traktor, die Treppe, der Urlaub

Seite 45

①
423	771	514	804	209
287	− 352	166	− 546	678
710	419	680	258	887

346 · 2	189 · 5	108 · 8	97 · 9	
692	945	864	873	

592	614	724	547	1000
209	− 359	199	453	− 497
801	255	923	1000	503

818 : 2 = 409   984 : 3 = 328   436 : 4 = 109

Seite 46
- ① 207
  398
  605   Es waren insgesamt 605 Besucher im Theater.
- ② 249 · 4
  996   Es sind insgesamt 996 Tischbeine.
- ③ 867 : 3 = 289   Er bringt 289 Rosen in jedes Geschäft.
- ④ Er hat noch 188 €.

Seite 47
- ① 2 000 + 3 000 = 5 000
  8 000 − 2 000 = 6 000

  7 000 + 2 000 = 9 000   9 000 − 3 000 = 6 000
  5 000 + 3 000 = 8 000   7 000 − 4 000 = 3 000
  2 000 + 1 000 = 3 000   8 000 − 1 000 = 7 000
  4 000 + 6 000 = 10 000   10 000 − 5 000 = 5 000

- ② 3 100 3 200 3 300 3 400   5 600 5 700 5 800 5 900
  5 800 5 900 6 000 6 100   7 900 8 000 8 100 8 200
  4 400 4 500 4 600 4 700   8 700 8 800 8 900 9 000

  1 000 1 100 1 200 1 300   5 900 6 000 6 100 6 200
  6 800 6 900 7 000 7 100   3 500 3 600 3 700 3 800
  4 200 4 300 4 400 4 500   9 700 9 800 9 900 10 000

- ③ 4T 3H = 4 300   1T 8H = 1 800   9T 5H = 9 500
  8T 7H = 8 700   6T 1H = 6 100   10T 0H = 10 000

Seite 48
- ① 5 240 5 250 5 260 5 270   7 360 7 370 7 380 7 390
  8 000 8 010 8 020 8 030   9 790 9 800 9 810 9 820
  6 380 6 390 6 400 6 410   4 610 4 620 4 630 4 640
  2 970 2 980 2 990 3 000   9 970 9 980 9 990 10 000

- ② 950, 2090, 4320, 5260, 7800

- ③ 5 032   8 T 4 H 9 Z 5 E
  7 468   4 T 6 H 0 Z 1 E
  2 509   6 T 0 H 2 Z 7 E

- ④ 3 768 3 769 3 770 3 771   5 998 5 999 6 000 6 001
  8 497 8 498 8 499 8 500   7 000 7 001 7 002 7 003

Seite 49

① Die kleinste mögliche Zahl: Die größte mögliche Zahl:
   1 579   9 751
     246   6 420
   2 378   8 732

② 3 695   3 700   3 705   3 710   3 715   3 720

   4 970   4 980   4 990   5 000   5 010   5 020

③ a) Die Familie hat insgesamt 8 665 €.
    b) Es fehlen noch 1 335 €.

Seite 50

① 99 cm 5 mm = 995 mm   5 cm 6 mm = 56 mm
   1 m = 1 000 mm   8 dm 4 cm 1 mm = 841 mm
   9 cm 8 mm = 98 mm   2 dm = 200 mm
   3 dm 1cm 5 mm = 315 mm   42 cm 8 mm = 428 mm

② 5 m 4 dm 3 cm = 543 cm   7 dm 5 cm = 75 cm
   1 dm = 10 cm   6 m = 600 cm
   8 m 1 dm 9 cm = 819 cm   4 dm 2 cm = 42 cm
   2 m 3 dm 8 cm = 238 cm   3 dm 8 cm = 38 cm

③ 4362 m = 4 km 362 m   496 mm = 4 dm 9 cm 6 mm
   513 dm = 51 m 3 dm   2896 m = 2 km 896 m
   1253 m = 1 km 253 m   304 dm = 30 m 4 dm
   479 cm = 4 m 7 dm 9 cm   1680 cm = 16 m 8 dm 0 cm
   1382 mm = 1 m 3 dm 8 cm 2 mm

Seite 51

① 4 dag 2 g = 42 g   10 kg = 10 000 g
   7 dag 5 g = 75 g   6 dag 4 g = 64 g
   3 kg = 3000 g   8 kg = 8 000 g
   9 dag 3 g = 93 g   1 kg 9 dag = 1 090 g

② 5 kg 45 dag = 545 dag   9 kg 1 dag = 901 dag
   17 kg 36 dag = 1 736 dag   8 kg 10 dag = 810 dag
    4 kg 2 dag = 402 dag   34 kg 29 dag = 3 429 dag
   27 kg 99 dag = 2 799 dag   3 kg 13 dag = 313 dag

③ 1034 dag = 10 kg 34 dag
   506 dag = 5 kg 6 dag
   20 g = 2 dag
   2000 g = 2 kg
   728 g = 72 dag 8 g
   45 g = 4 dag 5 g
   308 dag = 3 kg 8 dag
   402 g = 40 dag 2 g
   998 dag = 9 kg 98 dag

Seite 52

	314 c	3 € 14 c	3,14 €
	481 c	4 € 81 c	4,81 €
	795 c	7 € 95 c	7,95 €
①	628 c	6 € 28 c	6,28 €
	704 c	7 € 04 c	7,04 €
	1 332 c	13 € 32 c	13,32 €
②	896 c	8 € 96 c	8,96 €
	− 537 c	− 5 € 37 c	− 5,37 €
	359 c	3 € 59 c	3,59 €
	947 c	9 € 47 c	9,47 €
	− 336 c	− 3 € 36 c	− 3,36 €
	611 c	6 € 11 c	6,11 €
③	676 c · 3	6,76 € · 3	
	2028 c	20,28 €	

Seite 53

②	85 · 40	45 · 20	35 · 30	79 · 50
	3400	900	1050	3950
④	56 · 24	92 · 35	61 · 52	78 · 86
	1120	2760	3050	6240
	224	460	122	468
	1344	3220	3172	6708
⑤	343 · 26	261 · 29	179 · 45	402 · 23
	6860	5220	7160	8040
	2058	2349	895	1206
	8918	7569	8055	9246

Seite 54

① R: 34 · 23
    68
   102
   782

A: Es werden 782 Gäste erwartet.

② R: 316 · 69
    1896
    2844
   21804

A: 21 804 Besucher haben einen Sitzplatz.

③ R: 743 · 18
    743
   5944
   13374

A: Herr Kainz hat insgesamt 13 374 Fische.

④ R: 270 · 34
      810
    1080
    9180   A: Sie müssen 9180 € bezahlen.

Seite 55

① 0 10 000 20 000 30 000 40 000 50 000 60 000 70 000 80 000 90 000 100 000

② 40 000 50 000 60 000   80 000 90 000 100 000
   20 000 30 000 40 000   60 000 70 000 80 000

③ 15 000 16 000 17 000   29 000 30 000 31 000
   44 000 45 000 46 000   78 000 79 000 80 000

④ 18 000, 21 000, 45 000, 68 000, 74 000, 92 000

⑤ 43 100 43 200 43 300   81 800 81 900 82 000
   69 500 69 600 69 700   54 900 55 000 55 100

⑥ 56 400 < 65 600   89 900 < 98 900   42 400 > 24 400

Seite 56

① 63 472 = 60 000 + 3 000 + 400 + 70 + 2
20 958 = 20 000 + 0 + 900 + 50 + 8
48 301 = 40 000 + 8 000 + 300 + 0 + 1

② 3 760 3 770 3 780 3 790   5 180 5 190 5 200 5 210
   8 500 8 510 8 520 8 530   6 990 7 000 7 010 7 020

③ 35 824
   82 651
   41 930
   50 792
   94 006
  100 000

④ 40 000 + 5 000 + 100 + 20 + 7 = 45 127
70 000 + 2 000 + 600 + 50 + 3 = 72 653
20 000 + 400 + 70 + 9 = 20 479
50 000 + 30 + 1 = 50 031
60 000 + 500 + 4 = 60 504
90 000 + 800 + 10 = 90 810

Seite 57

① 13 ≈ 10   85 ≈ 90   99 ≈ 100   45 ≈ 50
   33 ≈ 30   17 ≈ 20   82 ≈ 80   43 ≈ 40
   49 ≈ 50   58 ≈ 60   11 ≈ 10   66 ≈ 70
   64 ≈ 60   71 ≈ 70   56 ≈ 60   28 ≈ 30
   21 ≈ 20   95 ≈ 100   39 ≈ 40   77 ≈ 80

② 214 ≈ 200   978 ≈ 1 000   112 ≈ 100
   829 ≈ 800   293 ≈ 300   121 ≈ 100
   765 ≈ 800   438 ≈ 400   787 ≈ 800
   648 ≈ 600   994 ≈ 1 000   326 ≈ 300
   417 ≈ 400   720 ≈ 700   431 ≈ 400

③ 8 278 ≈ 8 000   1 732 ≈ 2 000   7 643 ≈ 8 000
   5 361 ≈ 5 000   4 329 ≈ 4 000   1 980 ≈ 2 000
   4 380 ≈ 4 000   7 413 ≈ 7 000   6 763 ≈ 7 000
   2 980 ≈ 3 000   6 804 ≈ 7 000   5 481 ≈ 5 000
   9 947 ≈ 10 000   8 386 ≈ 8 000   2 765 ≈ 3 000

Seite 58

① 3265   3000   6874   7000
  2381   2000   − 2139   − 2000
  ────   ────   ────   ────
  5646   5000   4735   5000

② 7293   7000   9753   10000
  1988   2000   − 6215   − 6000
  ────   ────   ────   ────
  9281   9000   3538   4000

③ 1219 · 3   1000 · 3   5892 : 3 = 1964   6000 : 3 = 2000
  ────────   ────────
  3657   3000

Seite 59

① 200 000 300 000 400 000 500 000 600 000 700 000 800 000 900 000

② 570 000 580 000 590 000 600 000 610 000 620 000
  750 000 760 000 770 000 780 000 790 000 800 000
  300 000 310 000 320 000 330 000 340 000 350 000

③ 400 000 450 000 500 000
  700 000 720 000 800 000
  100 000 190 000 200 000

④ 600 000 + 40 000 = 640 000
  100 000 + 25 000 = 125 000
  300 000 + 76 000 = 376 000
  500 000 + 98 000 = 598 000
  700 000 + 49 000 = 749 000

Seite 60

① 523 814   217 236   940 510

② 463 691 = 4 HT 6 ZT 3 T 6 H 9 Z 1 E
  741 053 = 7 HT 4 ZT 1 T 0 H 5 Z 3 E
  528 160 = 5 HT 2 ZT 8 T 1 H 6 Z 0 E
  109 726 = 1 HT 0 ZT 9 T 7 H 2 Z 6 E
  870 040 = 8 HT 7 ZT 0 T 0 H 4 Z 0 E

③ 399 997 + 3   = 400 000
   860 000 + 40 000 = 900 000
   900 090 + 99 910 = 1 000 000
   600 240 − 100 240   = 500 000
   203 576 − 3 576 = 200 000
   741 213 − 41 213 = 700 000

④ 260 000 + 20 000 > 280 000 − 10 000   590 000 − 60 000 < 530 000 + 40 000

Seite 61

① 36 : 4 = 9 → 9 · 4 = 36   49 : 7 = 7 → 7 · 7 = 49
  54 : 9 = 6 → 6 · 9 = 54   27 : 3 = 9 → 9 · 3 = 27

② 90 : 30 = 3   80 : 40 = 2   60 : 20 = 3
  70 : 10 = 7   50 : 50 = 1   20 : 10 = 2
  640 : 80 = 8   180 : 60 = 3   250 : 50 = 5
  320 : 40 = 8   360 : 90 = 4   270 : 30 = 9

③ 95 : 90 = 1 R 5   82 : 40 = 2 R 2
  61 : 30 = 2 R 1   56 : 10 = 5 R 6
  184 : 60 = 3 R 4   259 : 50 = 5 R 9
  215 : 30 = 7 R 5   327 : 40 = 8 R 7
  492 : 70 = 7 R 2   638 : 90 = 7 R 8

Seite 62

610 : 10 = 61 R 0   994 : 30 = 33 R 4   775 : 20 = 38 R 15
872 : 40 = 21 R 32   473 : 20 = 23 R 13   589 : 30 = 19 R 19
635 : 50 = 12 R 35   926 : 60 = 15 R 26   547 : 20 = 27 R 7
459 : 10 = 45 R 9   715 : 50 = 14 R 15   824 : 40 = 20 R 24

Seite 63

① 667 : 32 = 20 R 27   895 : 41 = 21 R 34   512 : 13 = 39 R 5
  903 : 57 = 15 R 48   724 : 68 = 10 R 44   689 : 66 = 10 R 29
  599 : 63 = 90 R 32   378 : 46 = 80 R 10   465 : 37 = 12 R 21

② 42 017 : 51 = 823 R 44   14 536 : 25 = 581 R 11

Seite 64

10 478 : 42 = 249 R 20   28 697 : 54 = 531 R 23   639 512 : 19 = 33 658 R 10

Seite 65

① 6 Fahrräder kosten 510 €.
② 5 Laptops kosten 2 995 €.
③ 7 Lastwagen wiegen 2 478 kg.

Seite 66

① 195 c · 43 = 8 385 c = 83 € 85 c   1,95 € · 43 = 83,85 € = 83 € 85 c

② 362 c · 59 = 21358 c = 213 € 58 c   3,62 € · 59 = 213,58 € = 213 € 58 c
③ 10 075 c : 31 = 325c = 3 € 25 c
④ 6156 c : 54 = 114 c = 1 € 14 c

Seite 67
① In dieser Figur sind 12 rechte Winkel.

Seite 68
① A: Der Umfang beträgt 188 m.
② A: Der Umfang ist 18 m. Herr Weiss braucht 17 m 20 cm Holz.
③ A: Frau Benjamin benötigt 424 m Draht.

Seite 69
② Rosa: 6 cm², blau: 5 cm², grün: 5 cm²

③
300 mm² = 3 cm²	2 765 cm² = 27 dm² 65 cm²
100 mm² = 1 cm²	1 331 cm² = 13 dm² 31 cm²
1 408 mm² = 14 cm² 8 mm²	12 322 mm² = 1 dm² 23 cm² 22 mm²
4 088 dm² = 40 m² 88 dm²	14 579 mm² = 1 dm² 45 cm² 79 mm²

Seite 70
① Punkt: 1 mm², Wald: 1 ha, Fingerkuppe: 1 cm², Parkettboden: 1 m²,
   8. Bezirk in Wien: 1 km², Schwimmbecken: 1 a, Notizzettelblock: 1 dm²

②
415 ha = 4 km² 15 ha	32 019 a = 3 km² 20 ha 19 a
1 263 m² = 12 a 63 m²	1 703 ha = 17 km² 3 ha
1 433 ha = 14 km² 33 ha	436 m² = 4 a 36 m²
987 a = 9 ha 87 a	8 755 a = 87 ha 55 a

Seite 71
① A = 21 m²
② s = 4 cm   A: Die Fläche beträgt 16 cm².

Seite 72
① A: Herr Schwarz benötigt 144 m² Teppichboden.
② A: Frau Kolarik benötigt 104 m² Parkettboden.
③ A: Familie Lang braucht 1m² 49 dm² 50 cm² Fliesen.

Seite 73
① b = 102 m
② A: Die Halle ist 316 m lang.
③ A: Das Grundstück ist 363 m breit.

Seite 74
① A1 + A2 = 13 386 m²   ② A1 + A2 = 1290 m²
③ A: Die gesamte Fläche beträgt 27 m².

Seite 75

Würfel (grün oder orange): 8 Ecken, 12 Kanten, 6 Flächen
Quader (grün oder orange): 8 Ecken, 12 Kanten, 6 Flächen
Kegel (rosa): 1 Ecke, 1 Kante, 2 Flächen
Zylinder (blau): 0 Ecken, 2 Kanten, 3 Flächen
Pyramide (rot): 5 Ecken, 8 Kanten, 5 Flächen

Seite 76

① $\frac{1}{2}$ T = 12 h   3 h = 180 min   1 h 40 min = 100 min

② 4 min 3 s = 243 s   360 min = 6 h   5 min = 300 s

③ Die Schule beginnt um 8 Uhr. Die Sendung beginnt um 18:30 Uhr.

④ A: Der Wandertag endet um 12:45 Uhr.

Seite 77

① Der Flug dauert 2 h 30 min.   Eine Schulstunde dauert 50 min.   Der Teig rastet seit 1 Stunde.

②
Personen	Reiseziel	Abflug	Ankunft	Flugdauer
Ramona	Japan	13 : 55	1 : 30	11 h 35 min
Ali	Frankreich	17 : 30	19 : 45	2 h 15 min
Katharina	Maurizius	23 : 15	10 : 35	11 h 20 min
Ayshe	Sri Lanka	15 : 05	3 : 25	12 h 20 min
Anna	London	6 : 45	9 : 15	2 h 30 min
Ismail	Afrika	20 : 15	8 : 40	12 h 25 min
Susanne	Indien	11 : 30	18 : 45	7 h 15 min
Saida	Karibik	6 : 40	22 : 10	15 h 30 min
Andrea	Spanien	8 : 40	11 : 00	2 h 20 min
Reinhard	Sizilien	17 : 35	22 : 15	4 h 40 min

Wer fliegt am längsten? A: Saida
Wer fliegt am kürzesten? A: Ali
Wer startet am zeitigsten in der Früh? A: Saida
Wer kommt erst am nächsten Tag an? A: Ramona, Katharina, Ayshe, Ismail
Wer fliegt länger als 12 Stunden? A: Ayshe, Ismail, Saida

Seite 78

② $\frac{1}{2} + \frac{1}{2} = 1$ $\frac{1}{4} + \frac{1}{4} + \frac{1}{4} = \frac{3}{4}$ $1 - \frac{1}{8} = \frac{7}{8}$

$\frac{1}{8} + \frac{7}{8} = \frac{8}{8} = 1$ $1 - \frac{1}{2} = \frac{1}{2}$ $\frac{1}{8} + \frac{8}{8} = \frac{9}{8} = 1\frac{1}{8}$

③ 7816 : 4 = 1954   12782 : 2 = 6391   1896 : 8 = 237

Seite 79

① a) 27 823 Eintrittskarten werden insgesamt verkauft.   b) 6 387 Karten sind übrig.

② a) Herr Fischer braucht 146 m Zaun.   b) Es bleiben 971 m² Rasen übrig.